LE PETIT MANUEL DE L'ASTRONAUTE

Texte : Louie Stowell

Illustrations : Roger Simo

avec la collaboration d'Adam Larkum et de Jamie Ball

Pour l'édition française :

Traduction : Pascal Varejka

Rédaction : Renée Chaspoul et Emanuela Guastella

Avec un avant-propos de Thomas Pesquet, astronaute français de l'Agence spatiale européenne

SOMMAIRE

Avant-propos

ALORS, COMME ÇA, TU VEUX DEVENIR ASTRONAUTE ? 4

Par Thomas Pesquet, astronaute de l'Agence spatiale européenne.

Chapitre premier

ES-TU FAIT POUR L'ESPACE ? 6

Avant de débuter ton entraînement, demande-toi si tu possèdes les qualités requises pour devenir astronaute.

Chapitre deux

FÉLICITATIONS, TE VOILÀ APPRENTI ASTRONAUTE 19

Découvre les secrets de la formation d'un astronaute. Prépare-toi à parcourir le monde... et à vomir.

Chapitre trois

LE DÉCOLLAGE 55

Comment se prépare le décollage ? Comment fonctionnent les fusées ? Et à quoi sert la baguette du commandant de bord ?

Chapitre quatre

TON NOUVEAU LIEU DE VIE 76

Quand tu atteins la station spatiale, tu dois y arrimer ton engin spatial. Apprends à le faire.

Chapitre cinq

AU TRAVAIL ! 84

Que font les astronautes de leurs journées ? Et à quoi ressemble une sortie dans l'espace ?

Chapitre six

UN RETOUR QUI SECOUE 112

Le retour sur Terre est à la fois source d'angoisse et d'émerveillement. Découvre pourquoi.

UNE BRÈVE HISTOIRE DES VOLS SPATIAUX 122

GLOSSAIRE 124

INDEX 126

Avant-propos

ALORS, COMME ÇA, TU VEUX DEVENIR ASTRONAUTE ?

Quand j'étais petit, je rêvais de devenir astronaute. Je me posais beaucoup de questions sur ce métier, en particulier comment y arriver. Peut-être te poses-tu les mêmes ?

Aujourd'hui, j'ai la chance de voler dans l'espace. Mes collègues astronautes de l'Agence spatiale européenne ont comme moi travaillé très dur pour réaliser leur rêve : ils ont d'abord été médecins, ingénieurs scientifiques ou pilotes, puis ont été sélectionnés et ont préparé longuement leurs missions. Les astronautes sont également très sportifs, et s'entraînent à parler les langues étrangères comme l'anglais ou le russe. Nous avons tous, avant tout, le goût de la science, de l'exploration et de l'aventure.

Ce livre t'apprendra ce qu'est la réalité du métier d'astronaute : comment se déroule la sélection et quelles sont les qualités importantes, comment se préparer pour une mission spatiale, que fait-on une fois dans l'espace, comment rentrer sur Terre, quels sont les dangers et les difficultés, et bien d'autres choses encore.

Envoyer des hommes dans l'espace est très difficile et demande énormément de travail et de détermination, mais fait rêver beaucoup de gens. Tous les ingénieurs et les scientifiques qui nous aident en construisant les fusées ou les combinaisons et en préparant le matériel nécessaire sont passionnés par l'exploration spatiale.

Ce livre t'en dira un peu plus sur ce métier particulier, répondra sans doute à tes questions et te donnera je l'espère l'envie de venir nous rejoindre.

Bonne lecture et à bientôt dans l'espace !

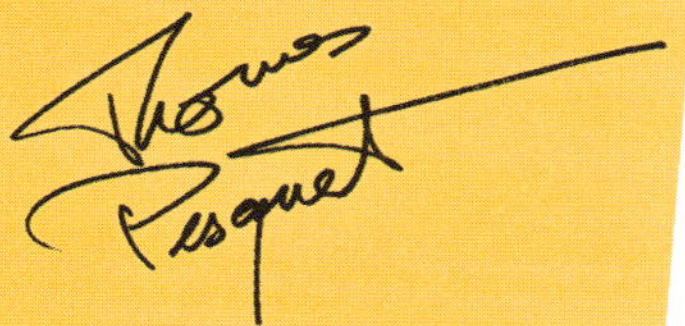

Thomas Pesquet
astronaute de l'Agence spatiale européenne

Chapitre premier

ES-TU FAIT POUR L'ESPACE ?

Tu veux devenir astronaute ? Bien sûr ! Qui n'aurait envie de flotter dans l'espace, d'admirer du ciel notre superbe planète bleue, et de filer au travail à bord d'une fusée hyper-rapide ?

Mais la vie là-haut n'est pas facile. Possèdes-tu les capacités de voler dans les conditions éprouvantes de l'espace ? Ou risques-tu d'être terrorisé, de hurler et de trembler dans un coin pendant tout le trajet ?

Qu'est-ce qu'un astronaute ?

Cette question semble trop facile. Un astronaute est une personne qui vole dans l'espace, non ? Certes, mais il est assez difficile de dire où commence vraiment l'espace.

Cela a l'air compliqué. Je voudrais juste voler à bord d'une fusée, s'il vous plaît.

Patience, jeune aspirant de l'espace. D'ailleurs, de la patience, il t'en faudra beaucoup, une fois devenu astronaute.

Si tu décolles tout droit en partant de la Terre, tu finiras par te retrouver dans l'espace. Mais avant cela, tu devras traverser une couche de gaz (l'atmosphère) qui devient de plus en plus fine avant de disparaître.

Après cela, tu es dans l'espace. Mais les gaz disparaissent progressivement, et il est donc difficile de dire où finit précisément l'atmosphère.

On est bientôt arrivés ?

Alors, où COMMENCE VRAIMENT l'espace ?

Pour résoudre le problème, les scientifiques ont tracé une ligne imaginaire, la ligne de Karman, 100 kilomètres au-dessus de la Terre. C'est là que l'espace commence officiellement. Quand tu dépasses cette ligne, tu deviens vraiment un astronaute.

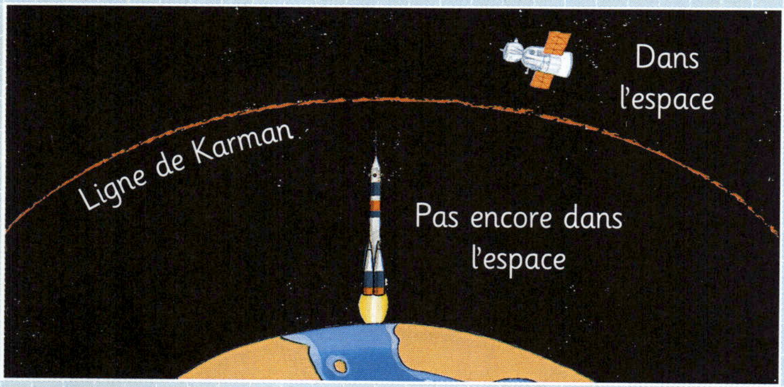

Dans l'espace

Cela dit, parvenir à la ligne de Karman n'est pas une mince affaire. Peu de gens possèdent des vaisseaux spatiaux, car ce sont les moyens de transport les plus chers qu'ait inventés l'humanité. Les Rolls Royce ? Les jets privés ? Ce sont des brouettes d'occasion en comparaison d'un engin spatial de base.

Le financement

Pour effectuer un voyage dans l'espace, tu devras envisager une de ces solutions...

1. Travailler pour une agence spatiale officielle

Les agences spatiales officielles sont les premiers recruteurs d'astronautes (et les premiers propriétaires d'engins spatiaux). Si tu es américain, tu peux travailler pour la NASA. Si tu vis en Europe, tourne-toi vers l'Agence spatiale européenne (ESA — ce sont ses initiales en anglais).

Tu es russe ? Choisis Roscosmos. Le Japon, la Chine et le Canada ont aussi leur propre agence spatiale. Si ton pays ne possède pas d'agence spatiale qui emploie des astronautes, envisage d'émigrer.

2. Devenir milliardaire

Tu peux aller dans l'espace en tant que touriste... à condition de débourser des sommes colossales. Si telle est ton ambition, commence tout de suite à bâtir ton empire commercial international.

3. Travailler pour un milliardaire

Si tu ne le deviens pas toi-même, il y a plusieurs milliardaires qui ont fondé des compagnies privées de voyages spatiaux. Obtiens un poste de pilote dans l'une de ces entreprises, et tu pourras bientôt emmener des gens riches et célèbres dans l'espace.

4. Gagner un concours

Certaines personnes ont gagné un billet pour l'espace. Mais pour l'instant, aucune d'elles n'est encore partie. Donc n'y compte pas trop !

5. Devenir extrêmement célèbre et mourir...

Les cendres de quelques personnes choisies sont envoyées dans l'espace, au lieu d'être banalement enterrées sur Terre. Mais tu préférerais sans doute profiter de l'espace de ton vivant. Finalement, le meilleur plan est de devenir astronaute professionnel et de travailler pour une agence spatiale.

Travailler pour une agence spatiale

La plupart des astronautes professionnels travaillent dans un laboratoire scientifique en orbite : la Station spatiale internationale ou ISS* (ce sont ses initiales en anglais). Là, ils étudient toutes sortes de choses, du changement climatique aux effets qu'exerce l'espace sur le corps humain — certains sont désagréables.

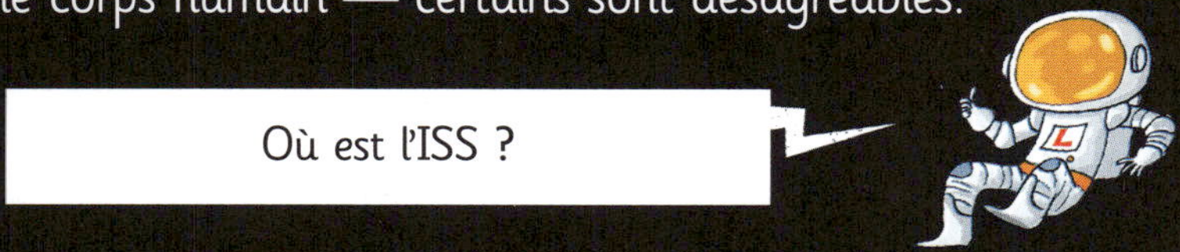

L'ISS tourne sans arrêt en orbite autour de la Terre, à quelques centaines de kilomètres de la surface de notre planète.

Pour l'instant, les astronautes ne se rendent pas sur les autres planètes, en partie pour des raisons financières : cela coûte incroyablement cher d'aller très loin dans l'espace. Toutefois, le problème vient surtout de notre chétif corps humain, trop fragile.

*L'ISS est fréquentée par les astronautes américains, russes, japonais, européens et canadiens. Les astronautes chinois, quant à eux, possèdent leur propre station spatiale.

Nous devons encore perfectionner la technologie pour nous protéger au cours de missions plus longues, au-delà de la Lune. Avec un peu de chance, les scientifiques auront trouvé des solutions intelligentes pour pallier la faiblesse humaine lorsque tu auras terminé ton entraînement. Les missions sur Mars seront alors devenues monnaie courante.

Commencer par le commencement

Avant de pouvoir suivre un entraînement d'astronaute professionnel, il te faut...

- Un diplôme, par exemple en ingénierie ou en maths. Tu devras donc d'abord terminer ta scolarité.

- Mesurer entre 1,57 et 1,91 mètre. Si tu es plus grand, tu ne tiendras pas dans un engin spatial ; ce ne sont pas les véhicules les plus spacieux.

Être en bonne santé. L'espace exerce une dure pression sur le corps, donc tu dois être résistant. Mais ne t'inquiète pas si tu n'as pas une forme surhumaine : tu n'as pas besoin d'être un athlète de haut niveau.

Savoir piloter des jets incroyablement rapides ou être un brillant scientifique, mais si tu possèdes les deux capacités, c'est encore mieux !

Savoir accepter les refus. Même une fois que tu seras astronaute, il y aura des quantités d'occasions où tu ne seras pas choisi pour une mission.

✰ Être prêt à féliciter les autres astronautes, et non leur reprocher de te voler « ta place » lors d'une mission.

✰ Ne pas souffrir de claustrophobie et bien t'entendre avec les autres. Si tu deviens astronaute, tu passeras des mois coincé dans une sorte de boîte métallique avec tes collègues.

Et ce n'est pas tout. Non content de répondre à ces exigences de base, tu devras affronter la concurrence de milliers d'autres personnes très douées pour obtenir un poste d'astronaute.

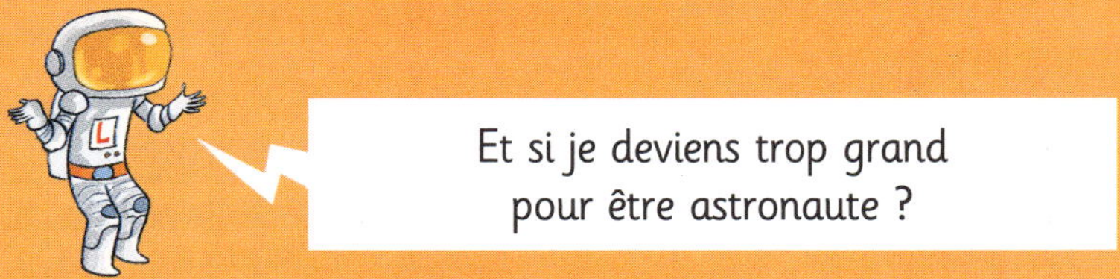

Ne désespère pas ! Si tu ne possèdes pas exactement les qualités requises pour devenir astronaute, mais que tu aimes engins et voyages spatiaux, tu peux envisager des quantités d'autres carrières. Tu peux devenir :

Mécanicien ou technicien. Beaucoup d'emplois attendent les amateurs de gadgets dans les compagnies spatiales privées et les agences spatiales. Les techniciens font fonctionner (et réparent) toutes sortes de machines, des ordinateurs de laboratoire aux robots de l'espace. Tu pourrais même être amené à télécommander des robots envoyés sur d'autres planètes.

Précision : tu exerceras ce contrôle à distance par ondes radio. Tu ne circuleras pas en personne sur Mars à bord d'un véhicule de l'espace.

Formateur d'astronautes. Les astronautes ont besoin d'être formés dans tous les domaines. Comment enfiler une combinaison spatiale ? Comment piloter un engin spatial ? Les agences spatiales recrutent donc beaucoup de formateurs.

Contrôleur de vol. C'est la personne qui donne leurs ordres aux astronautes depuis la Terre, installée dans un local appelé « Contrôle au sol ». Il te faudra beaucoup de sang-froid et d'excellentes aptitudes techniques. Les astronautes comptent sur toi pour les guider, donc ne trahis pas leur confiance.

Tu dois veiller à ce que les astronautes placés sous ton contrôle soient sains et saufs (et occupés), depuis le décollage jusqu'au moment où ils regagnent la Terre à l'issue de leur mission.

Scientifique ou ingénieur. Des équipes de scientifiques et d'ingénieurs collaborent pour faire décoller les engins spatiaux et assurer leur sécurité dans l'espace. Certaines les conçoivent. D'autres font des expériences pour tester de nouveaux matériaux.

Test de mise à feu du moteur — tu ne vois pas les ingénieurs car ils se tiennent LOIN de la trajectoire.

Médecin de vol. Les agences spatiales engagent des médecins pour suivre les astronautes au cours de leur entraînement et de leurs missions, et pour leur donner des instructions d'ordre médical quand ils sont dans l'espace. Si tu deviens médecin de vol, tu contribueras aussi à des expériences médicales dans l'espace. Ainsi, même si l'équipage demeure parfaitement en bonne santé, tu ne te tourneras pas les pouces.

Mais si tu trouves l'idée d'une vie enracinée sur Terre trop frustrante et que tu remplis toutes les exigences, alors il est temps d'accomplir les étapes suivantes pour te rapprocher de l'espace...

Chapitre deux

FÉLICITATIONS, TE VOILÀ APPRENTI ASTRONAUTE

Passons rapidement sur de nombreuses années de dur travail. Imagine-toi...

.... t'endormant sur une pile de devoirs...

... courant jusqu'à ce que tes poumons éclatent...

... apprenant à piloter un avion à réaction...

... et faisant encore plein d'autres devoirs.

Et maintenant, tu as enfin été sélectionné pour suivre un entraînement d'astronaute.

C'est là que le plus dur commence VRAIMENT.

LA FORMATION DE BASE

D'abord, tu vas recevoir une formation de base. Mais ne te méprends pas sur l'expression « de base » : en réalité, les matières que tu vas étudier seront très compliquées. Peu importe. Tu es un candidat astronaute ; tu accomplis dix choses difficiles avant le petit déjeuner.

Cinq matières « de base » que tu vas étudier

1. La mécanique orbitale

Cette matière consiste à étudier la façon de se déplacer des fusées et des engins spatiaux. Voici un schéma fondamental de mécanique orbitale.

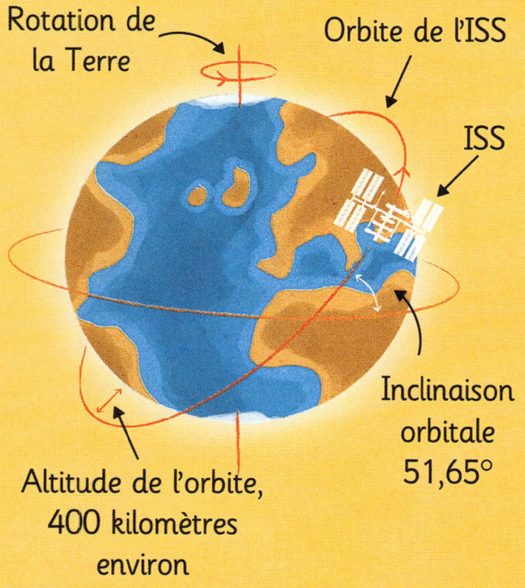

1 orbite = 92,74 minutes

Tu vois, ce n'est pas sorcier ! Il s'agit juste de science et de maths adaptées aux fusées.

2. Le russe

Si tu es russe, pour toi ce sera du gâteau… un délicieux gâteau comme on en déguste à Moscou. Sinon, prépare-toi à étudier une langue tout à fait différente, qui utilise un autre alphabet.

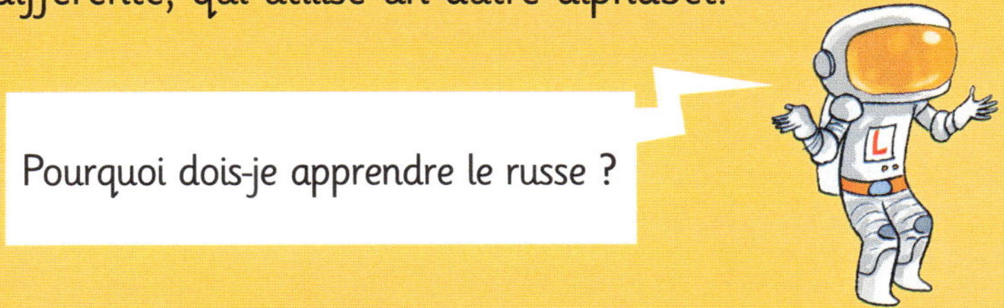

L'engin spatial utilisé pour atteindre l'ISS est un appareil russe, le Soyouz. En général, quand on pilote un véhicule, c'est plus commode de pouvoir lire ce qui est indiqué sur les commandes.

C'est aussi utile de comprendre ce que les gens du Contrôle au sol disent quand ton engin spatial est sur le point de décoller, et de communiquer avec tes collègues russes à bord de l'ISS. En effet, la moitié des astronautes de la station sont russes.

3. La science, l'ingénierie et la robotique

Tu apprendras à piloter (et à réparer) ton véhicule Soyouz et l'ISS elle-même, et à mener des expériences scientifiques à bord. Tu devras aussi savoir faire fonctionner des robots dans l'espace.

Tu apprends notamment à commander un bras robotisé pour saisir un engin spatial appelé Dragon.

Attends-toi à des cours approfondis dans tous les domaines, de la robotique à l'ingénierie électrique, de la manière de mener des recherches scientifiques dans l'espace à la plomberie. Après tout, quelqu'un doit bien réparer les toilettes spatiales. (Si elles sont hors d'usage, c'est un grave problème.)

4. La survie

Avant de partir dans l'espace, il faut se préparer à toutes les éventualités. Que se passera-t-il si ton engin spatial quitte sa trajectoire et que tu te poses bien sur la Terre, mais dans un milieu hostile ?

Si les choses se passent mal, tu risques d'atterrir au milieu d'un océan, ou dans un désert gelé à l'extrême nord d'un endroit complètement inconnu. La Terre est notre planète, mais elle n'est pas toujours accueillante.

Pour te préparer à un atterrissage en catastrophe, tu devras faire un stage de survie en pleine nature. Tu seras transporté en hélicoptère dans un endroit isolé où tu seras abandonné et où tu devras te débrouiller tout seul. Rappelle-toi : c'est pour ton bien.

Sauras-tu bâtir un abri, apprendre à chasser, trouver à manger et ne pas te faire dévorer ? Bien des défis...

5. La chirurgie

Dans l'espace, toi et tes compagnons devez être complètement autonomes. Si tu tombes malade, tu ne pourras compter que sur les autres astronautes. Impossible de faire un saut chez le médecin du coin !

Et donc, si quelqu'un a un grave problème médical, devine qui devra pratiquer une opération chirurgicale en urgence ? Eh oui, ce pourrait bien être toi.

On t'apprendra à prodiguer les premiers soins, mais aussi à plâtrer une jambe cassée et à guérir des quantités de troubles corporels mineurs. La chirurgie n'est pas l'une des premières choses que tu apprendras, mais elle figure bel et bien sur la liste.

Avec un peu de chance, tu n'auras jamais besoin de ces compétences. Et dans le cas contraire, le médecin de vol resté sur Terre sera là, au téléphone, pour te guider pendant l'opération.

Les examens (tout le long de l'année)

Ta formation de base durera plus ou moins un an et demi. Tu seras régulièrement interrogé sur tout ce que tu auras appris. Donc ne t'endors pas au fond de la salle, et ne copie pas sur d'autres candidats astronautes.

Mais tout n'est pas pénible

Tu apprendras aussi des choses amusantes, comme la plongée sous-marine. Ça, c'est pour te préparer à flotter dans l'espace.

Quand tu flottes sous l'eau, tu peux commencer à imaginer comment ce sera de flotter dans l'espace. Naturellement, là-haut, tu ne porteras pas de palmes.

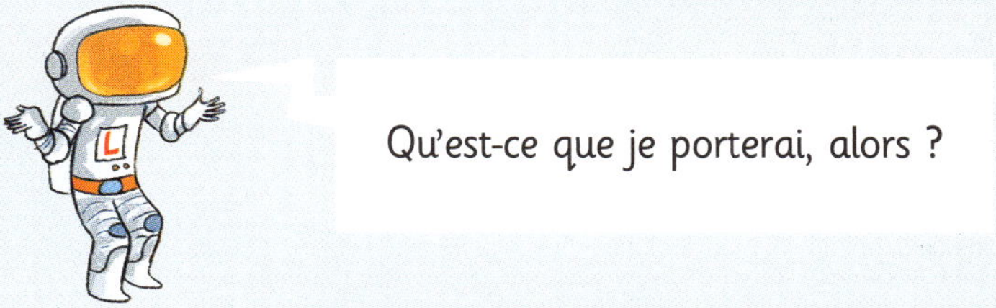

Une combinaison spatiale, qui consiste en un costume hermétique avec un casque et sa propre réserve d'air. Mais nous en reparlerons plus loin. D'abord, tiens-toi bien... ta formation est sur le point de passer à la vitesse supérieure.

Et maintenant, passons aux tâches délicates

Après avoir achevé ta formation de base, tu es prêt à passer à des choses vraiment compliquées, comme marcher, manger et aller aux toilettes.

Tu penses que c'est une plaisanterie ? Lis la suite.

LA FORMATION AVANCÉE

Pour ta formation avancée, tu vas devoir réapprendre toutes les choses que tu pensais déjà maîtriser avant d'aller à l'école.

S'habiller

Dans l'espace, tu dois porter une combinaison spatiale pour sortir de la station, sinon tu ne survivras pas longtemps. Mais se glisser dans une combinaison spatiale est un processus délicat qui prend beaucoup de temps, car il faut enfiler un ensemble de lourds équipements. Tu auras besoin d'aide.

Marcher

Lors d'une mission, tu peux avoir à sortir dans l'espace. Mais ce n'est pas une promenade ordinaire.

Tu devras apprendre à te déplacer dans l'espace, ce qui s'apparente plus à voler qu'à de la marche. Il faut aussi des heures de préparation et de contrôles de sécurité avant que tu puisses franchir la « porte » et accéder à l'espace.

Aller aux toilettes

Dans l'espace, tout flotte. Oui, tout sans exception. Tu devras donc apprendre à utiliser les toilettes dans l'espace sans faire de désastre.

Pour maîtriser tous ces savoir-faire, tu iras aux quatre coins du monde. Comme son nom l'indique, la Station spatiale internationale, que tu vas rejoindre, est internationale — donc ton passeport se retrouvera vite rempli à ras bord de tampons et de visas.

La Cité des étoiles

Bienvenue ! Te voilà maintenant à la Cité des étoiles, en Russie, où des astronautes venus du monde entier viennent s'entraîner. L'appellation « Cité des étoiles » peut sembler chic, mais ne te méprends pas : ce n'est pas un complexe hôtelier cinq étoiles. Prépare-toi à des situations très inconfortables et à d'intenses nausées. Sans parler de la cantine (je plaisante).

Tu peux admirer les statues des astronautes du passé... ou plutôt des cosmonautes, ainsi qu'on les appelle en Russie.

Iouri Gagarine a été le premier homme à aller dans l'espace.

À la Cité des étoiles, tu perfectionneras ta technique de vol en engin spatial, en apprenant à piloter le véhicule russe Soyouz, que tu emprunteras pour te rendre à l'ISS.

Le simulateur

Le simulateur est un équipement qui te deviendra vite familier. Il s'agit d'un ordinateur logé dans une maquette d'engin spatial rigoureusement semblable à l'intérieur de l'engin que tu piloteras par la suite.

En pénétrant dans le minuscule intérieur du simulateur, tu commenceras à te rendre compte à quel point on est serrés dans un Soyouz.

Quand les erreurs s'avèrent utiles

Quand tu participes à un essai dans un simulateur, c'est pour toi l'occasion de commettre des erreurs et d'en tirer des leçons. De cette façon, lorsque tu seras dans l'espace, tu maîtriseras parfaitement toutes les manœuvres, au lieu de constituer un danger pour toi et pour les autres.

Premier conseil : n'éteins pas accidentellement la simulation du Soyouz, comme un élève l'a fait une fois.

Au cours des simulations, tu apprendras à décoller pour l'espace, à t'arrimer (t'accrocher) à un autre engin spatial, à changer de direction et à atterrir. Tu passeras des heures à regarder des chiffres et des gribouillis sur des écrans d'ordinateur. Au point que tu finiras peut-être par en rêver.

Malgré les manettes et écrans qui clignotent, le simulateur n'est pas un jeu vidéo, mais un outil d'entraînement. Pas de combats contre extraterrestres... c'est déplacé.

La différence entre le simulateur et l'espace

Il y a une très grosse différence entre se trouver dans le simulateur et se trouver dans un véritable engin spatial dans l'espace. Dans l'espace, tu es confronté à un phénomène appelé apesanteur ou micropesanteur.

L'apesanteur, c'est quoi ?

Si un astronaute flotte dans l'espace, c'est à cause de l'apesanteur. Mais apesanteur ne signifie pas « absence totale de pesanteur ». C'est simplement que, dans l'espace, tu es confronté à une autre forme de gravité.

La pesanteur est une force d'attraction invisible qui agit sur nous en permanence. C'est la raison pour laquelle, dans la vie quotidienne, tu ne flottes pas dans l'air comme un ballon gonflé à l'hélium. Mais c'est aussi la raison pour laquelle tu tombes quand tu trébuches.

Tu n'es pas loin de la réalité... Chaque objet est doté d'une force de gravité : tout, dans l'Univers, attire toutes les autres choses. Mais plus les objets sont gros, plus l'attraction qu'ils exercent est forte. Les objets géants exercent une attraction énorme.

La force d'attraction terrestre

La raison pour laquelle tu ne pars pas à la dérive en flottant quand tu es sur la Terre, c'est qu'un objet géant (la Terre) attire un objet plus petit (toi). Quand tu sautes en l'air, la puissante force d'attraction terrestre te fait retomber, même si tes chaussures te permettent de bondir très haut.

De même, les autres planètes et d'énormes objets comme le Soleil exercent aussi une forte attraction sur la Terre. L'attraction du Soleil est tellement forte qu'elle fait tourner notre planète autour de lui en cercles appelés orbites. C'est comme si le Soleil faisait tournoyer une partenaire de danse à plusieurs milliers de kilomètres à l'heure. Huit planètes sont en orbite autour du Soleil, dont la nôtre.

Toutes les planètes dépendent du Soleil, à cause de sa taille géante... et de la force de gravité. En fait, celle-ci est présente partout. Quand tu es dans l'espace, elle continue d'agir sur toi. On ne peut pas y échapper.

Excellente question. La réponse est qu'ils ne flottent pas vraiment. Néanmoins, c'est plus facile de dire qu'ils flottent que de décrire exactement ce qui leur arrive.

Quand tu es dans l'espace et que tu tournes à toute vitesse autour de la Terre dans ton engin spatial, vous vous déplacez très vite, même si tu ne t'en rends pas compte, parce que tu avances à une vitesse régulière et qu'il n'y a pas d'air qui siffle derrière toi. (En fait, il n'y a pas d'air dans l'espace.)

Et voilà ce qui va te surprendre : tu as l'impression de flotter, mais en fait, tu tombes, de même que ton engin spatial.

N'AIE PAS PEUR !

Même si tu tombes, tu ne risques pas de t'écraser. En effet, ton engin spatial se déplace suffisamment vite pour t'empêcher de retomber vers la Terre et de prendre tragiquement feu.

La force de gravité continue d'exercer son attraction sur toi, et d'essayer de te tirer vers le bas, mais tant que tu restes à la vitesse nécessaire, tu continues à tomber autour de la Terre, et non vers elle. C'est-à-dire que tu restes en orbite.

L'apesanteur : quand tout est sens dessus dessous

Cette chute à travers l'espace que tu expérimentes en tant qu'astronaute est l'apesanteur, ou micropesanteur. Cette sensation intense est très particulière. Tu peux te retrouver brusquement avec ton bras flottant au-dessus de ta tête. L'apesanteur trouble aussi le cerveau, car il devient difficile de savoir où se trouvent le haut et le bas.

Pendant les premières heures (ou premiers jours) dans l'espace, cette confusion peut aussi s'appliquer à la nourriture, qui peut avoir du mal à descendre jusqu'à l'estomac. Tu risques de voir remonter un repas.

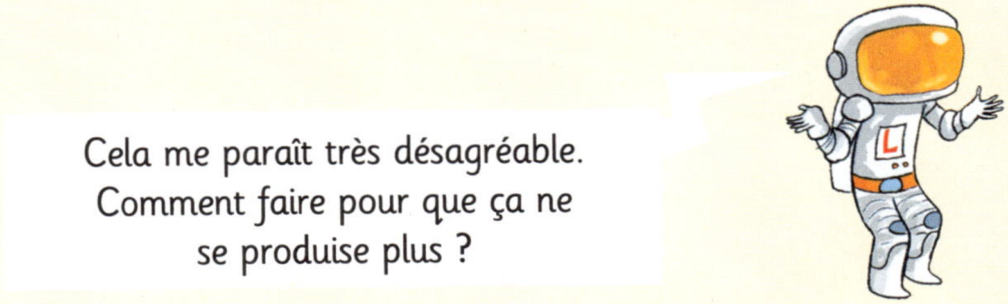

Malheureusement, l'apesanteur te rendra sûrement nauséeux — ou pire — au début. Près de la moitié des astronautes éprouvent au moins de la nausée. Mais, si cela peut te réconforter, il y a des quantités de sacs pour le mal de l'espace à bord de l'ISS.

Ne désespère pas, cela finira par passer. En attendant, évite de penser à des ragoûts bien gras avariés ou à du pain moisi infesté de vers.

Désolé. C'était juste pour voir si ton estomac était fait pour l'espace. Autant s'en assurer maintenant.

S'entraîner à la légèreté (et à son contraire)

Tu vas t'entraîner à affronter l'apesanteur sur Terre (et au-dessus) avant de l'expérimenter pour de vrai. Inversement, tu devras aussi affronter la surpesanteur, qui te donnera la sensation de peser près de quatre fois plus que ton poids normal. Tu risques alors de te demander si c'était vraiment une bonne idée de devenir apprenti astronaute.

Flotter dans l'air

Pour ton premier exercice d'entraînement à l'apesanteur, tu embarqueras à bord d'un avion utilisé pour simuler l'apesanteur sans quitter l'atmosphère terrestre. Les premiers astronautes ont surnommé ce genre d'avion la « Comète du Vomi », mais ne te laisse pas dissuader pour autant.

Cet avion monte et descend en effectuant de grandes courbes appelées paraboles. Au sommet de chaque parabole, tu auras l'impression de flotter.

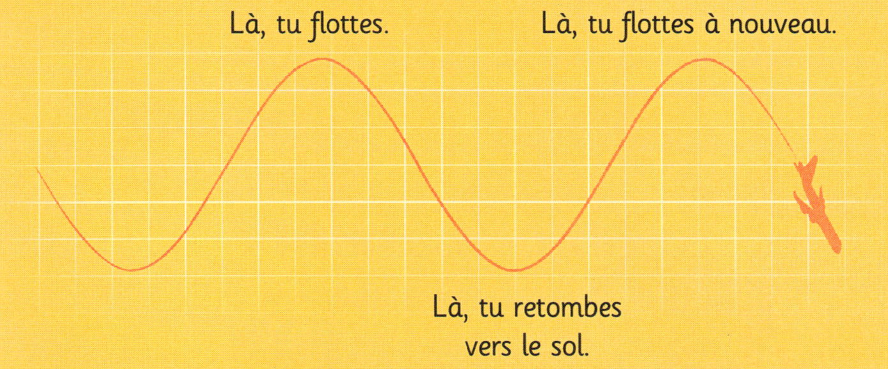

C'est un peu comme sur les montagnes russes, quand tu continues à avoir l'impression de monter alors que le wagonnet a déjà commencé à redescendre.

Dans l'avion, cette sensation d'apesanteur dure 30 secondes environ à chaque fois. C'est si amusant que tu n'auras peut-être pas envie de redescendre.

Un conseil : tes bras et tes jambes vont partir dans tous les sens. Donc fais attention à ne pas donner accidentellement un coup de poing à tes compagnons.

Attention, cela pourrait être aussi ton premier avant-goût désagréable du mal de l'espace, donc tu seras peut-être content de redescendre vers le sol.

Tourner dans une machine à tambour

Ensuite, il est temps de s'entraîner à la surpesanteur : tu seras ballotté dans une machine à tambour appelée une centrifugeuse. Tu t'es déjà demandé ce que ressentent tes vêtements dans une machine à laver ? Tu vas le découvrir.

Pendant que tu tournes, tu as l'impression que la gravité devient de plus en plus forte, et qu'elle exerce une poussée toujours plus grande sur ton corps. Cela te donnera un peu cette impression :

On te fait tourner dans une centrifugeuse pour tester ton aptitude à supporter l'accélération rapide dans un engin spatial, ainsi que la résistance de l'oreille interne (la partie, à l'intérieur de la tête, qui régit l'équilibre).

Comment fonctionne une centrifugeuse ?

Tu dois t'installer à l'intérieur, t'attacher avec une sangle et supporter de tournoyer sans cesse, de plus en plus vite, et d'être plaqué inexorablement contre le dossier de ton siège par quelque chose que l'on appelle l'accélération gravitationnelle.

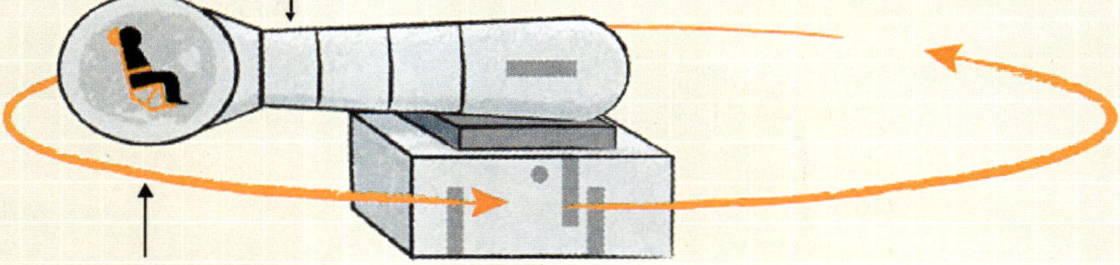

Est-ce aussi terrible que ça en a l'air ?

Euh... c'est encore pire !

En fait, prépare-toi à éprouver une sensation d'écrasement. Tu risques même de t'évanouir. On parle dans ce cas de voile noir, ou encore de perte de conscience due à l'accélération gravitationnelle. C'est en fait une expérience terrifiante et profondément inconfortable.

Ne t'inquiète pas. Tu ne risques d'affronter une surpesanteur difficile à supporter que si tu rencontres un gros problème durant ta mission. En moyenne, les lancements dans l'espace et les retours sur Terre exercent sur le corps la même accélération gravitationnelle que voitures de course, avions de chasse et montagnes russes.

Un passage par la piscine

Ton entraînement à l'apesanteur se poursuit sous l'eau, dans un « laboratoire de flottabilité neutre ». Ou bien, comme dirait le commun des mortels, dans une piscine. Cela dit, ce n'est pas vraiment une piscine ordinaire, car au fond de celle-ci, on trouve des engins spatiaux.

Bricoler sous l'eau

En flottant dans cette piscine très spéciale, avec l'aide de plongeurs, tu auras un avant-goût de ce que c'est que travailler en apesanteur. Ta combinaison spatiale sera légèrement modifiée pour s'adapter au travail sous l'eau, mais c'est la meilleure façon d'éprouver les sensations de l'espace sans quitter la Terre.

Des modèles grandeur nature de certaines parties de l'ISS sont installés au fond de la piscine.

La piscine te donne l'occasion d'essayer toutes les tâches que tu devras accomplir quand tu effectueras une sortie dans l'espace, qu'il s'agisse de manier une perceuse ou de surveiller une expérience scientifique.

Ça y est, tu as été choisi !

Enfin vient le moment tant attendu. Tu as été sélectionné pour participer à une mission à bord de l'ISS, la Station spatiale internationale.

Mais tu te souviens des remarques à propos de la patience au début du livre ? Maintenant, tu dois effectuer près de deux autres années d'entraînement. Tu as encore du pain sur la planche...

Le moment est venu d'effectuer ce que l'on nomme de façon accrocheuse...

L'ENTRAÎNEMENT SPÉCIFIQUE AUX MISSIONS

Il varie en fonction du type de mission pour lequel tu as été choisi. C'est pour toi l'occasion de créer des liens avec les deux autres personnes qui t'accompagneront à bord du Soyouz. Vous devez apprendre à travailler en équipe, car une fois que vous serez dans l'espace, vous allez complètement dépendre les uns des autres.

Attention : au fur et à mesure que vous allez apprendre à vous connaître et à vous sentir en confiance, tes coéquipiers risquent de te faire des farces.

Après avoir travaillé très dur, tout le monde a besoin de décompresser. Donc ne sois pas surpris si, en revenant épuisé de l'entraînement, tu découvres qu'on a collé ta brosse à dents sur l'étagère ou mis un hippopotame gonflable à la place de ton lit.

À quoi ressemblera l'entraînement ?

Des tests sur TOUT

Chaque moment que tu passes dans l'espace est précieux — autant que des diamants. Cela coûte très cher d'accueillir un astronaute là-haut et le temps est compté : on ne peut pas se permettre que les choses se déroulent mal.

C'est pourquoi tu devras t'entraîner à effectuer chacune des tâches prévues au cours de ta mission. Tu devras même t'entraîner à des choses qui semblent ridiculement simples.

Les expériences scientifiques

Une grande partie de ton temps à bord de l'ISS sera consacré à mener des expériences scientifiques. Au cours de ton entraînement spécifique aux missions, tu en feras sans arrêt. À force, tu auras un peu l'impression d'être un véritable tube à essai.

Prévoir les urgences

Il est très important d'être préparé à tout ce qui pourrait mal se passer dans l'espace. Cela signifie que tu vas apprendre à garder ton sang-froid dans des situations stressantes et à résoudre tous les problèmes qui pourraient se présenter.

Au cours de l'entraînement, tu envisageras tous les pires scénarios possibles, afin de pouvoir faire face à n'importe quel problème rencontré dans l'espace.

Toutefois, quelles que soient les précautions prises, parcourir l'espace présente des risques. Mais si tu passes ta vie à refuser d'affronter les risques, tu ne feras jamais rien. Conduire une voiture, c'est risqué, mais beaucoup le font tous les jours.

La photographie

Il n'y a pas de photographes professionnels à bord de l'ISS, donc tu dois savoir prendre de superbes photos de la Terre pour les faire admirer à ses habitants.

Apprendre à donner des interviews

On fera la queue pour te demander ce que cela fait d'aller dans l'espace. Dans le cadre de ta formation, on t'apprendra à répondre aux journalistes sans dire trop de bêtises. Un conseil : vérifie que tu n'as pas d'épinard entre les dents ou de dentifrice sur la figure avant de passer à la télé.

Faire de l'exercice

Tu devras être en forme et en bonne santé pour affronter ta mission. L'espace met le corps à rude épreuve, tout particulièrement les os et les muscles. Si tu fais beaucoup d'exercice avant de partir, cela te rendra la vie plus facile à long terme. Prépare-toi comme pour un vrai marathon.

D'interminables examens de santé

Pour s'assurer que tu es suffisamment en bonne santé pour t'envoler, tu seras tapoté, secoué, tiré, poussé et en général harcelé de mille manières.

Les scientifiques s'agglutineront autour de toi pour faire des expériences sur ton corps. Et cela continuera une fois dans l'espace. Une grande partie du temps, c'est TOI le sujet d'expérimentation.

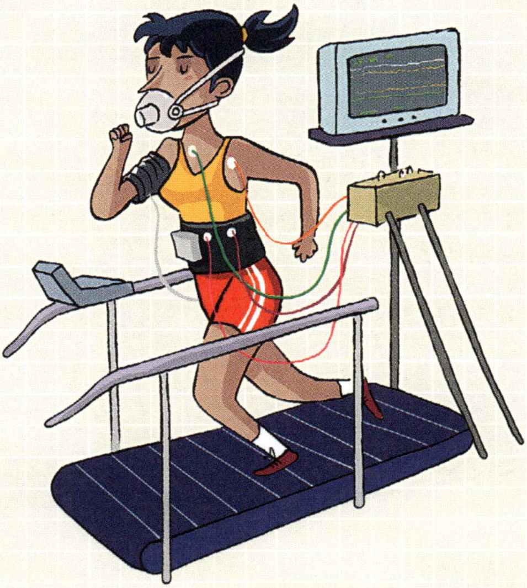

Quoi que tu fasses, veille à n'attraper aucune maladie au cours des jours précédant le départ, car tu serais éliminé et tu devrais attendre d'être choisi pour une autre mission.

Donc tiens-toi à l'écart des gens enrhumés et pense à manger plein de fruits et légumes. De même, évite d'aller skier ou de pratiquer un autre sport à risque. Comme tu peux t'y attendre, on ne te laissera pas partir dans l'espace avec une jambe dans le plâtre.

L'attente...

Le jour du lancement peut sembler lointain, mais tu finiras bien par partir. La majeure partie du temps, tu seras tellement occupé à t'entraîner, à t'habituer aux combinaisons spatiales, à donner des interviews et à soigner ton langage que les semaines passeront à toute vitesse.

Chapitre trois

LE DÉCOLLAGE

C'est formidable ! Le jour du décollage approche à grands pas et très bientôt, tu seras un vrai astronaute. Avant de partir, tu dois t'habituer à la combinaison que tu porteras durant la mise en orbite. Exactement comme sur Terre, il te faut une tenue adaptée à chaque occasion.

La combinaison de départ

Pour décoller et atterrir à bord d'un engin spatial Soyouz, tu devras porter une tenue protectrice appelée « combinaison Sokol ».

Le casque comporte un microphone, afin que tu puisses communiquer avec le Contrôle au sol.

La valve bleue sur la poitrine enferme tout l'air à l'intérieur, et assure ta survie.

Ces tubes sont reliés à une réserve d'oxygène située dans le Soyouz, afin que tu puisses respirer en cas d'imprévu.

La combinaison spatiale Sokol est conçue pour te protéger en cas de problème durant le trajet aller ou durant le trajet de retour depuis l'ISS.

Toutefois, à elle seule, elle ne suffit pas à te protéger.

Les fesses en l'air !

Pour éviter que tu ne sois ballotté dans tous les sens pendant le décollage et l'atterrissage, le revêtement de ton siège à l'intérieur du Soyouz épouse la forme de ton dos et de ton postérieur. Pour créer un moule du dos, on te place en position allongée, les jambes en l'air, comme un bébé que l'on change.

On verse autour de toi une substance appelée gypse, qui durcit pour créer un contour adapté à ta propre forme.

Ne t'inquiète pas. Tu ne resteras pas pris dans le gypse quand il durcit.

Ce revêtement de siège sur mesure te permet de rester parfaitement assis et en sécurité. Certes, tu perds un peu de ta dignité maintenant, mais au moins, tu ne seras pas mortellement secoué pendant le décollage et l'atterrissage.

Le jour du lancement

Donc tu possèdes ta combinaison, ton siège a été adapté spécialement pour toi... le moment est venu. Tu pars pour l'espace. Tu pars AUJOURD'HUI. Es-tu excité ? Tu ne tiens plus en place ?

Bon, arrête un peu.

Tu es censé être décontracté, calme, professionnel, au moins en apparence. Les médias du monde entier ont l'œil rivé sur toi. Toutefois, intérieurement, tu peux profiter pleinement du frisson ressenti à l'idée d'être dans l'espace d'ici quelques heures à peine.

Au milieu de nulle part

Avant le lancement, tu vas arriver au cosmodrome de Baïkonour, une des principales bases spatiales de la planète. Elle se trouve dans une région particulièrement déserte du Kazakhstan, un pays situé au sud de la Russie. Ne crois pas pour autant aller sous les tropiques : il y fait un temps glacial pendant une bonne partie de l'année.

Tu seras accueilli à la base en héros et tu devras poser pour d'innombrables photos.

Tu signeras des quantités d'autographes... tu signeras même sur des portes.

C'est une tradition : les équipages des Soyouz signent les portes des chambres de l'hôtel des Cosmonautes, un bâtiment plus chic qu'on ne l'imagine, où les astronautes passent la nuit avant le lancement. Cet « hôtel » a été fréquenté par des centaines d'astronautes ; tu auras donc peut-être du mal à trouver un endroit où apposer ta signature.

Le compte à rebours

Le temps qui précède le lancement est compté à rebours. Quand tu entends parler de l'*heure H moins 5*, cela signifie cinq heures avant le décollage. Si on commence à parler d'*Heure H plus...* c'est que tu as raté le départ.

Le moment de s'habiller

Vers H moins 3, il est temps de s'habiller. Quand tu as endossé ta combinaison Sokol, des membres du personnel au sol s'affairent autour de toi, pour vérifier, contrôler et s'assurer que tout fonctionne bien.

Pourquoi portent-ils un masque ?

C'est pour éviter de t'éternuer à la figure ou de te transmettre des microbes d'une façon ou d'une autre. Si tu tombes malade à bord de l'ISS, ta mission sera vraiment gâchée. Donc, avant le lancement, tu seras uniquement en contact avec tes compagnons de vol, ou avec des gens s'étant très soigneusement désinfectés et portant des masques.

L'aquarium des astronautes

Les médias du monde entier chercheront à te parler. Pour le faire sans risquer d'attraper des microbes, tu leur feras face à travers une paroi de verre et tu parleras dans un micro. Si quelqu'un te pose des questions un peu délicates, tu peux toujours simuler un problème technique.

Uriner comme Gagarine

On conseille toujours d'aller aux toilettes avant d'entreprendre un long voyage. C'est vrai également pour le voyage spatial. Mais au cosmodrome de Baïkonour, tu pourrais bien devoir le faire en public.

Le premier homme à aller dans l'espace, Iouri Gagarine, n'a pas eu le temps avant de gagner le pas de tir : il a dû uriner contre le camion qui l'avait amené là. C'est devenu une tradition de l'imiter.

Attends-toi à ce que le bus fasse une halte avant d'atteindre le pas de tir, afin que tu puisses suivre l'exemple de Iouri Gagarine. Regarde tout de même où tu mets les pieds.

Dans la fusée

Enfin, tu t'avances vers la fusée, entouré des membres du personnel au sol, aux côtés de tes compagnons de voyage. C'est ton heure de gloire.

Tu atteins ta majestueuse fusée. Lève les yeux et contemple-la en entier. Haute de 49,5 mètres, elle est entourée de sortes d'échafaudages : c'est la tour de lancement. Celle-ci ne part pas dans l'espace avec toi ; elle recule juste avant le lancement, pour laisser la voie libre. Et ne t'inquiète pas si tu penses que tu devras y grimper : il y a un ascenseur.

Si le Soyouz est un véhicule spatial, pourquoi ne peut-il pas s'envoler dans l'espace tout seul ?

Les véhicules spatiaux comme le Soyouz sont conçus pour voler dans l'espace. Mais pour atteindre l'espace, il faut un véhicule de lancement, ou fusée. En fait, une fusée est un ensemble de moteurs utilisés pour échapper à l'attraction terrestre et exercer une poussée verticale vers l'espace.

En majeure partie, les fusées sont creuses et remplies de carburant. Le reste est constitué de moteurs qui brûlent ce carburant et forcent la fusée à se détacher du sol, en la poussant vers le haut.

En général, les fusées sont constituées de différentes parties, appelées étages. Chaque étage contient sa propre réserve de carburant et un moteur.

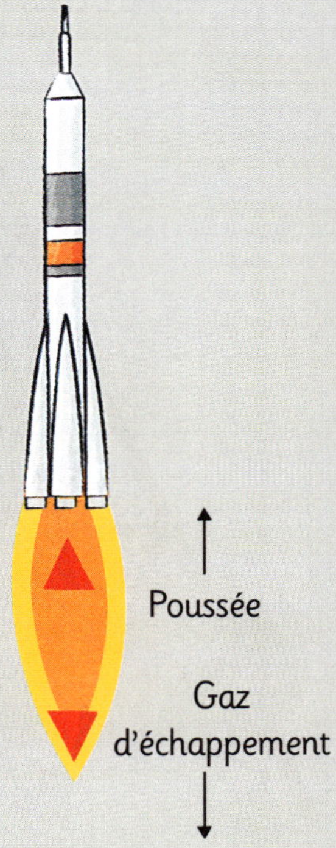

Les gaz d'échappement exercent une pression vers le bas. Cela produit un mouvement vers le haut, appelé poussée.

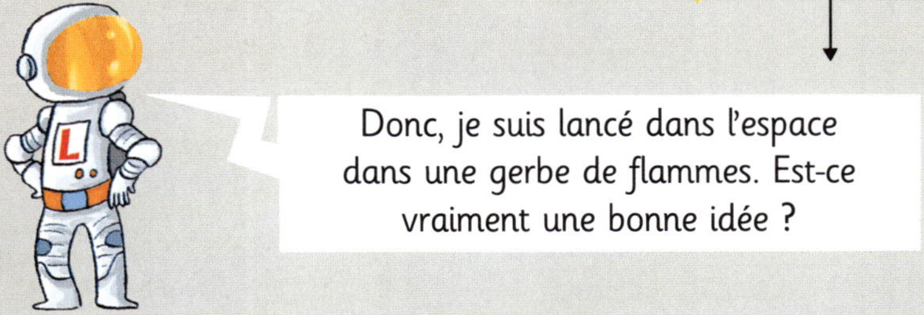

Tu as raison d'être un peu circonspect. Le combustible des fusées est extrêmement inflammable et en cas de problème, la fusée risque d'exploser. C'est pour cela que les équipes au sol sont indispensables. Elles vérifient le moindre recoin de ta fusée et de ton véhicule spatial, pour s'assurer qu'il n'y a aucune fuite et que rien ne s'est détaché. Tu es en bonnes mains.

Bienvenue dans ton vaisseau

Après avoir pris l'ascenseur jusqu'au sommet de la fusée, toi et tes compagnons de vol, vous pénétrerez par une écoutille dans le « module orbital » de votre véhicule Soyouz. Ensuite, vous vous glisserez avec difficulté dans l'intérieur exigu pour rejoindre le « module de descente », où l'équipage prend place lors du lancement.

Voilà à quoi ressemble le vaisseau spatial quand il n'est pas logé à l'intérieur de la fusée :

Le module orbital, c'est-à-dire le salon du vaisseau spatial. C'est l'endroit où tu te tiens (ou plutôt où tu flottes) pendant un moment une fois que tu es dans l'espace, avant d'atteindre l'ISS.

Le module de descente, où tu es installé au moment du lancement et de l'atterrissage. Cet espace est très exigu.

Le module de service, où se trouve le moteur, ainsi que des réserves d'oxygène et d'autres équipements.

À chacun sa place

Une fois à l'intérieur du module de descente, tu vas t'asseoir à ta place. Sur quel siège ? Cela dépend de ton rôle au cours de cette mission.

Si tu es le commandant, responsable de la mission, tu occuperas le siège du milieu.

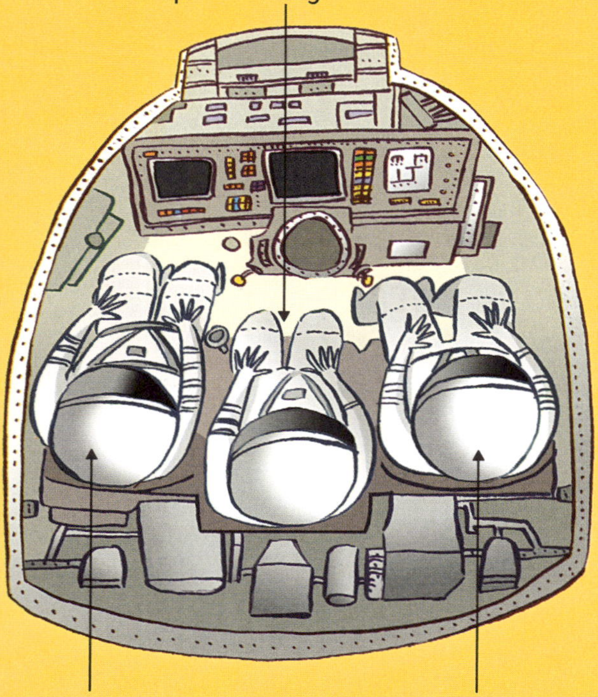

Si tu es l'ingénieur de vol, ta place est à gauche du commandant.

Là se tient soit un second ingénieur de vol, soit, très rarement, un participant extérieur à la mission, tel un touriste de l'espace milliardaire.

Remarque : le siège du milieu est placé un peu en arrière par rapport aux deux autres. Le commandant appuie donc sur les commandes à l'aide d'une baguette. Il n'y a presque que des technologies de pointe à bord du Soyouz.

Assis (très, très) serré

Tu restes sanglé là pendant deux heures environ, tandis que les sympathiques membres du Contrôle au sol se livrent à des opérations de contrôle sur ton engin spatial.

Soyons honnête : l'habitacle n'est pas spacieux. En fait, il est grand comme un mouchoir de poche ! Dans cet endroit, on ne te proposera pas de te mettre à l'aise : ce serait assez cruel.

L'aspect positif, c'est que tu pourras écouter de la musique. Et n'oublie pas cela : il vaut mieux passer deux heures les genoux serrés contre la poitrine plutôt que de risquer qu'un boulon desserré provoque un accident.

Ça y est... ça... y... est !

L'écoutille est fermée, l'équipe au sol a effectué toutes les vérifications, le compte à rebours arrive à zéro et l'énorme moteur de la fusée est mis à feu. Tu n'as désormais absolument rien à faire. Tout est automatique, exactement comme un cycle de machine à laver (avec des flammes en plus). Tout ce que tu dois faire, c'est garder un œil sur les écrans et vérifier que tout se passe en douceur. Tu es prêt ? Trois... deux... un...

Attends une minute

Le décollage se produit assez lentement au début. Profitons-en pour faire une pause. Car il y a une chose importante que tu dois savoir : dans quelques minutes, ta belle fusée sera en pièces... et ces pièces vont retomber vers la Terre.

Oups, on t'a fait peur ? Ne t'inquiète pas. Les fusées qui lancent les véhicules spatiaux sont conçues pour tomber une fois que leur carburant est complètement épuisé. De cette façon, ton vaisseau spatial n'a pas à transporter de poids inutile. Cela lui permet de vaincre plus facilement l'attraction terrestre pour s'élever dans l'espace.

Au moment où tu auras atteint l'espace, toutes les parties externes seront retombées...

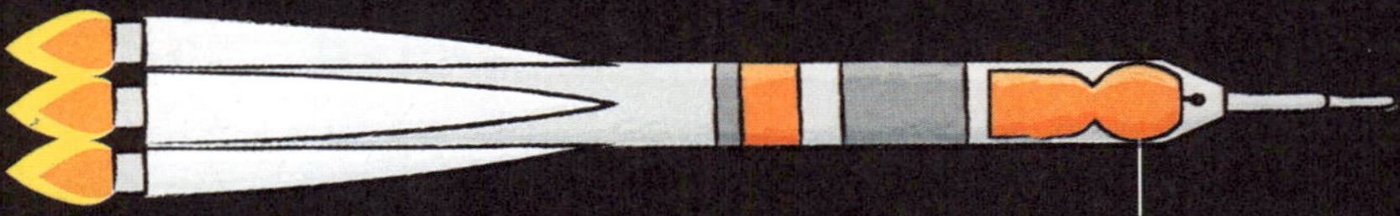

Soyouz (à l'intérieur de la fusée)

Seul reste l'intrépide petit Soyouz, volant librement dans l'espace. (Avec toi et tes compagnons sains et saufs à l'intérieur, au cas où tu serais encore inquiet.)

Comment fonctionne la fusée (et comment retombe-t-elle) ?

Juste après le décollage, la fusée ressemble à cela. Tous les moteurs du premier étage sont mis à feu.

Cette partie s'appelle la tour de sauvetage. C'est une sorte de mini-fusée qui permet de sauver l'équipage en cas de problème sur le pas de tir.

Quatre moteurs-fusées appelés « boosters » sont les premiers à consommer tout leur carburant et à se détacher. C'est le premier étage de la fusée.

Une fois que la fusée a décollé, la tour de sauvetage se détache.

Boosters

Attention la tête ! Les boosters ont peut-être épuisé leur carburant, mais chacun d'eux pèse autant qu'un éléphant.

Bientôt, il est temps de larguer le deuxième étage et le nez (une enveloppe protectrice autour du Soyouz). Le troisième étage démarre alors ses moteurs.

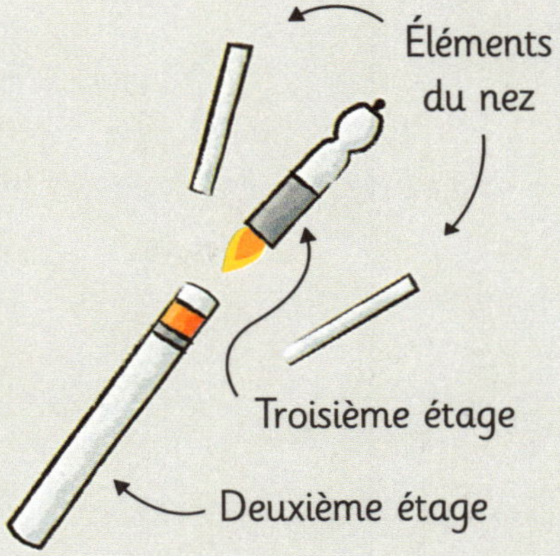

Enfin, le troisième étage est largué, et ton Soyouz vole tout seul. Les panneaux solaires qui fourniront l'énergie se déploient comme des ailes.

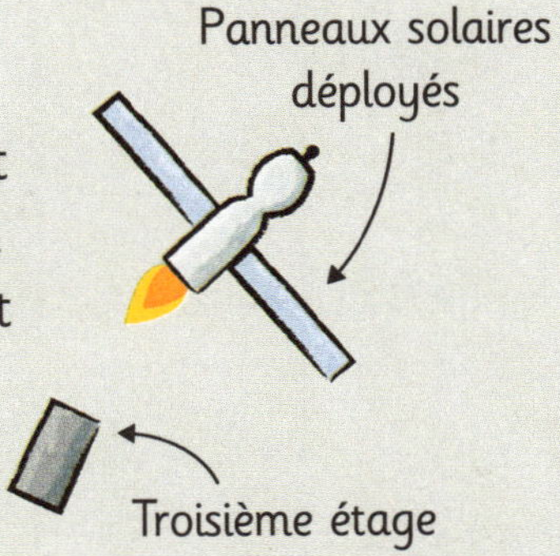

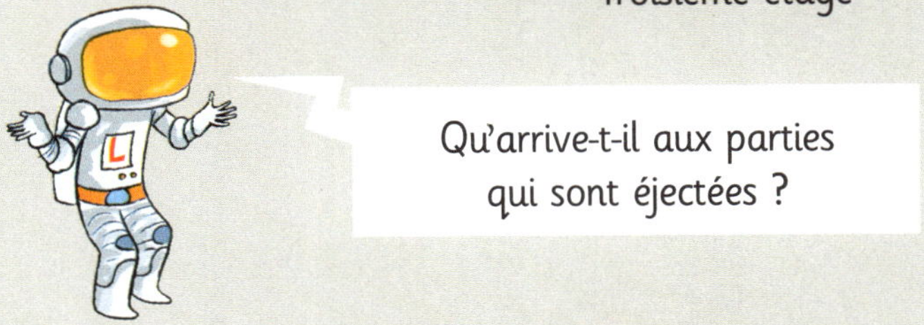

Les deux premiers étages et les autres parties devenues inutiles retombent vers la Terre : elles s'écrasent violemment dans une partie déserte (on l'espère) du Kazakhstan. Le troisième étage s'embrase et se désintègre, comme un météore de métal.

D'accord, ça, c'est ce qui arrive à la fusée... mais à quoi ressemble le décollage depuis l'intérieur du Soyouz ?

En un mot : c'est palpitant. Tout vibre. À cause du grondement étourdissant, tu as vaguement l'impression d'être assis sur les épaules d'un géant très bougon en train de se réveiller lentement.

Tu ne peux t'empêcher de fixer les écrans d'ordinateur situés en face de toi, regorgeant d'informations sur les performances de la fusée — à quelle vitesse elle se déplace, combien de carburant elle utilise. Grâce à tes heures de formation, tu sais exactement ce que signifient toutes ces données.

Tu décolles plutôt lentement au début. Si tout se passe bien, tu entends le Contrôle au sol énoncer ceci :

*Ce sera dit en russe.

Cela signifie : « Tout fonctionne comme prévu. » C'est une excellente nouvelle. Rappelle-toi : les surprises ne sont jamais bonnes au cours d'un voyage dans l'espace.

Puis tu commences à prendre de la vitesse, et la force de gravité te plaque contre ton siège. Mais si tout se passe bien, ce sera moins terrible que l'accélération gravitationnelle à laquelle tu as été confronté durant ton entraînement. Ce sera plutôt comme si plusieurs personnes s'entassaient sur tes genoux, ta poitrine, tes bras, tes jambes et ton visage. Ensuite, on entend un énorme...

Mais ce « bang » est tout à fait nominal*. C'est juste une partie de la fusée qui se détache : la tour de sauvetage, dont tu n'as plus besoin puisque tout va bien.

* Si tu as déjà oublié ce que cela signifie, tu devrais peut-être faire quelques exercices pour faire travailler ta mémoire avant de poser ta candidature au métier d'astronaute.

Tu entends ensuite toute une série de « bangs ». Cela n'a rien d'inquiétant : c'est le bruit produit par chaque étage de la fusée largué une fois qu'il a consommé tout son carburant. Rappelle-toi : c'est prévu. Les fusées sont destinées à tomber en morceaux.

Suivent une série d'autres bruits et de secousses, et la sensation d'avoir du mal à respirer à cause de la force de gravité, qui te plaque brutalement contre le siège. Les minutes passent jusqu'à ce que...

Le dernier moteur de la fusée se détache. Une chose étrange se produit peu de temps après cela...

Un petit jouet accroché au plafond du poste de pilotage commence à s'élever en l'air. Il y a un jouet dans le Soyouz lors de tous les lancements dans l'espace. En général, il est choisi par les enfants du commandant. Ce sera donc sûrement quelque chose de mignon et/ou de pelucheux.

Te sens-tu bizarre ? Tes bras flottent devant toi ? Tu fais maintenant l'expérience de l'apesanteur. Tu as aussi franchi la ligne de Karman.

Cela signifie... roulements de tambour... que tu es dans l'espace !

Félicitations ! Tu es officiellement un astronaute !

Chapitre quatre

TON NOUVEAU LIEU DE VIE

Te voilà dans l'espace. Tu dois désormais te raccorder à la Station spatiale internationale, qui sera ta résidence, ton lieu de travail et, en fait, tout ton univers, pendant les six prochains mois environ.

L'opération consistant à raccorder deux engins spatiaux s'appelle l'arrimage. C'est un processus très délicat. Imagine que tu essaies de garer une voiture alors que le parking se déplace à des milliers de kilomètres/heure, et toi aussi.

L'arrimage

1. Mets-toi sur la même orbite que l'ISS : tu devras te trouver à peu près à 400 kilomètres au-dessus de la Terre.

2. Fais attention à ne pas aller trop vite, pour ne pas risquer d'entrer en collision avec la station lorsque tu t'en approcheras.

3. Approche-toi (très prudemment) de la station spatiale et oriente le nez du Soyouz vers un des ports d'arrimage libres de l'ISS.

4. Il y a une partie pointue à l'avant de ton Soyouz : insère-la dans l'entonnoir de l'un des ports d'arrimage situés à l'extérieur de l'ISS et attends d'entendre un bruit sourd. Voilà, tu es bien arrimé !

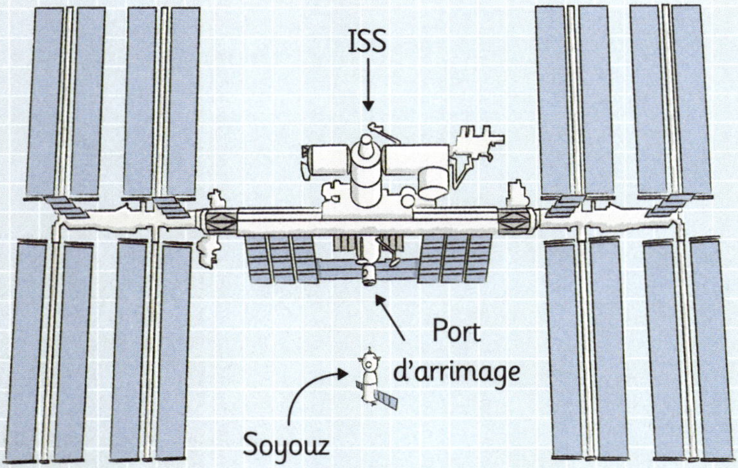

Remarque : en principe, la majeure partie de ce processus s'effectue automatiquement, mais tu dois garder les yeux bien ouverts et avoir les doigts (ou la baguette) prêts à appuyer sur les boutons en cas de problème.

Lorsque le Contrôle au sol annonce que tout est prêt, il est temps d'ouvrir l'écoutille et de flotter vers l'ISS.

Après avoir enduré l'exiguïté du Soyouz, tu peux enfin t'étirer à souhait. Ça fait du bien !

Bienvenue... et maintenant, appelle ta mère !

Les astronautes déjà présents dans la station seront ravis de vous voir, tes coéquipiers et toi. Cela fait des mois qu'ils n'ont pas vu de nouveaux visages, en dehors des écrans de télévision. Attends-toi à des étreintes chaleureuses.

Ensuite, tu auras droit à une rapide présentation des normes de sécurité, puis à une conversation avec tes proches restés sur Terre. La plupart du temps, à bord de l'ISS, tu bavarderas avec ta famille en privé, mais cette première conversation sera diffusée en direct sur Internet. Donc, évite de révéler des secrets de famille.

Après tout cela, tu auras peut-être besoin de te rendre dans la plus petite pièce de la station spatiale.

Les toilettes aspirantes de l'espace

Lorsque tu te soulages sur la Terre, grâce à la pesanteur, tout descend dans la cuvette des toilettes. En apesanteur, les toilettes fonctionnent par succion, comme un aspirateur, pour que rien ne se retrouve à flotter librement.

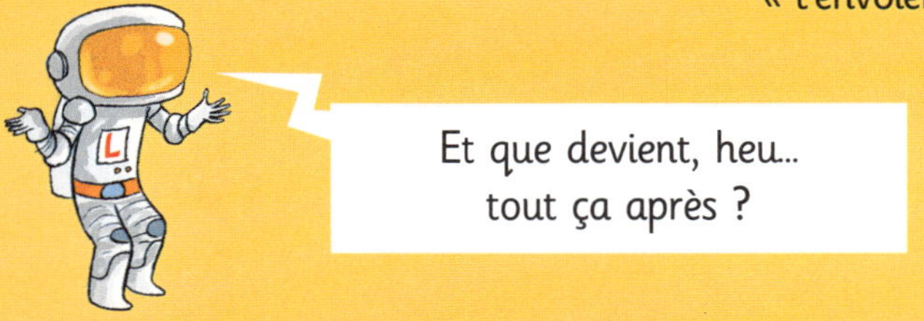

L'urine est recyclée en eau potable. Si tu penses que c'est dégoûtant, c'est aussi ce qui se produit sur Terre. Au moins, dans l'espace, tu sais exactement à qui appartiennent les fluides recyclés que tu bois, puisqu'il n'y a que quelques personnes à bord (six en général).

Elles sont rassemblées dans des sacs et stockées avec les autres déchets. Ensuite, le tout est entassé dans un type d'engin spatial non habité appelé Progress, qui ravitaille l'ISS.

Quand chaque Progress prend le chemin de retour vers la Terre, il transporte ces chargements de déchets. Mais l'engin spatial ne regagne pas notre planète : il prend feu et se désintègre quand il entre dans l'atmosphère terrestre.

Ton estomac dans l'espace

Comme tu l'as appris au cours de ton entraînement, ton estomac éprouve des choses étranges dans l'espace. La NASA qualifie très élégamment cela de « perturbation gastrique ». De ton côté, tu diras peut-être plutôt que tu as « l'impression que tu vas vomir tes tripes à travers ta gorge serrée ».

Toutefois, à moins d'une malchance extraordinaire, ton corps va s'adapter et peu à peu, tu te sentiras mieux. Quand ton estomac sera remis, tu pourras manger. En général, tous les occupants de l'ISS prennent leurs repas ensemble. C'est comme une famille, les chamailleries en moins.

Pour manger en apesanteur, tu devras acquérir un minimum d'expérience, car les aliments peuvent facilement s'échapper et se mettre à flotter. Au début, fais comme les astronautes présents dans la station depuis un moment.

Les menus seront variés, mais beaucoup d'aliments sont déshydratés, car il n'y a pas de réfrigérateur. Les légumes et les fruits frais ne sont livrés que tous les deux ou trois mois. Tu voudras peut-être aussi ajouter des quantités de sauce piquante, car l'apesanteur affaiblit le sens du goût.

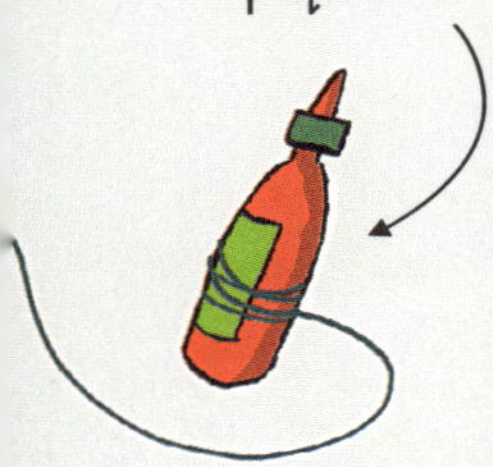

Sur Terre, les fluides comme la morve coulent grâce à la force de gravité. Mais dans l'espace, ils s'amoncellent, et on a le nez bouché. C'est pourquoi on sent seulement les produits au goût très fort. La sauce piquante est ton amie dans l'ISS.

Prendre un peu de repos

Une fois que la table est débarrassée, il est temps d'aller au lit. Tu dormiras dans un sac de couchage accroché à un mur (ou au sol, ou au plafond) pour ne pas flotter n'importe où. Fais de beaux rêves !

Chapitre cinq

AU TRAVAIL !

Allez, debout, un nouveau jour s'est levé... Enfin, plusieurs jours en fait : l'ISS effectue à peu près 16 fois le tour de la Terre en 24 heures, ce qui signifie que le Soleil « se lève » et « se couche » 16 fois devant les hublots, alors que tu aurais vu un seul lever et un seul coucher de soleil sur Terre. Tu vas donc passer un certain nombre de « jours » à dormir dans l'espace.

Quand tu seras éveillé, tu devras faire beaucoup de choses, et ton programme sera toujours soigneusement établi par une équipe du Contrôle au sol. Par exemple...

6 h - Lever, toilette, petit-déjeuner et lecture des mails.

7 h 30 - Réunion du matin, pour définir le programme de la journée.

8 h 15 - Sport, pendant deux heures environ. (Voir plus loin à ce sujet.) Se rafraîchir.

11 h - Contrôle de l'une des nombreuses expériences scientifiques menées à bord de la station.

13 h – Déjeuner. (N'oublie pas d'ajouter de la sauce piquante.)

14 h – Interview avec de jeunes élèves via Skype. Ils te demanderont probablement comment tu fais caca dans l'espace. Presque tout le monde pose cette question.

15 h 30 – Demain, un de tes collègues va effectuer une sortie dans l'espace, et c'est à toi de l'aider à préparer sa combinaison spatiale. (Avec un peu de chance, la prochaine fois, ce sera ton tour d'effectuer une sortie dans l'espace.)

19 h 30 - Dîner, puis temps libre pour envoyer des mails, jouer de la guitare, regarder un film, admirer le clair de Terre.

21 h 30 – Coucher. Zzzzzzz...

Un plan de ton lieu de travail

Ton nouveau lieu de travail (et de vie) est constitué de plusieurs sections appelées modules. Il est très vaste. Tu peux donc t'amuser à t'allonger en l'air et à voler* d'un bout à l'autre, comme un super-héros.

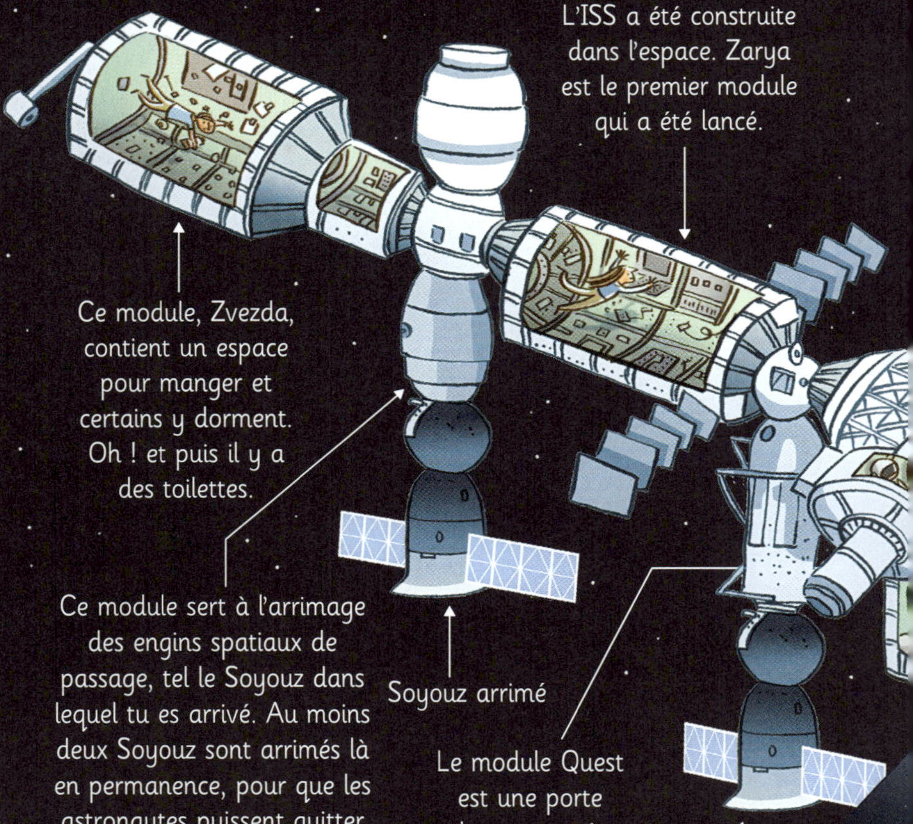

* Rappel : techniquement, tu tombes, mais il ne faut pas que cela te gâche l'impression d'être un super-héros.

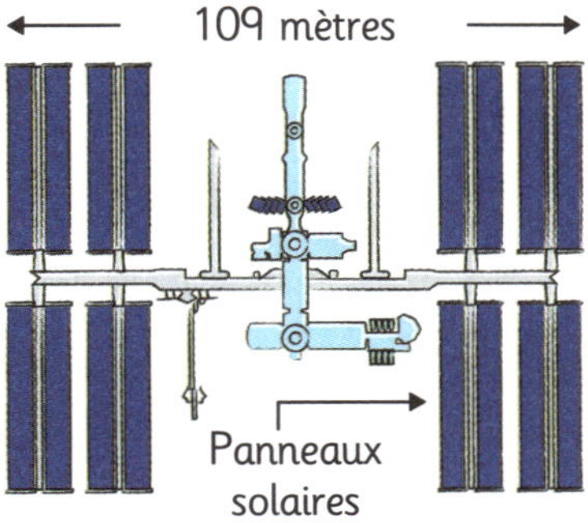

Voilà à quoi ressemble l'ISS vue de dessus. Le schéma ci-dessous ne figure pas les panneaux solaires, parce qu'il s'agit d'une structure gigantesque.

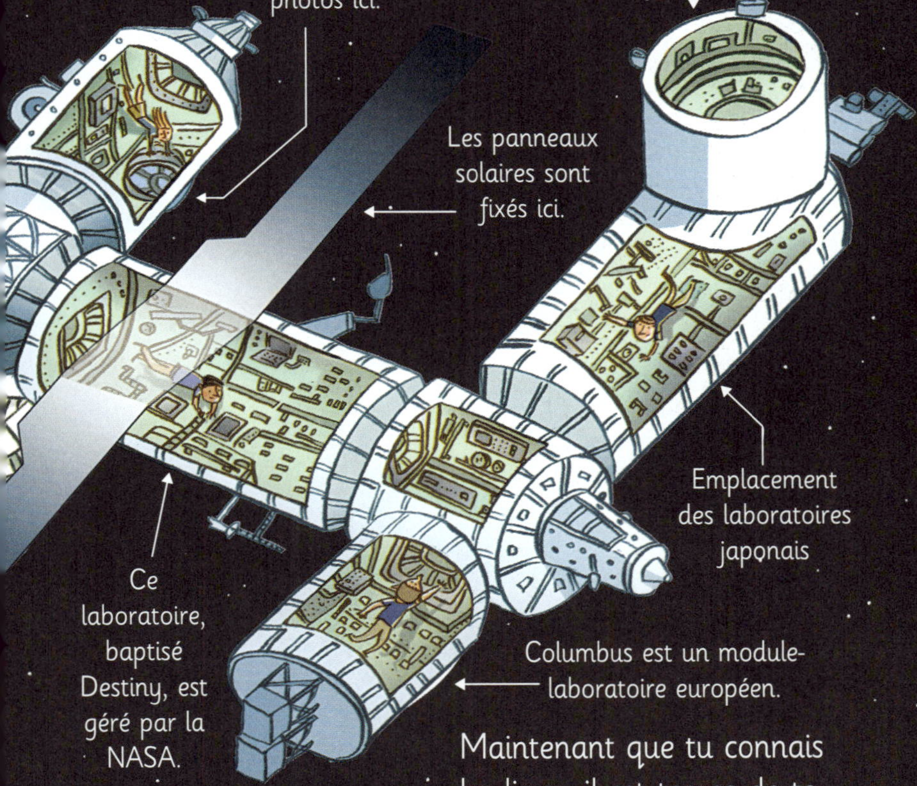

Maintenant que tu connais les lieux, il est temps de te mettre au travail. Es-tu prêt ?

Faisons quelques expériences scientifiques

Ta tâche la plus importante à bord de l'ISS consiste à mener des expériences scientifiques. Les astronautes passent une grande partie de leurs journées à étudier les effets de l'apesanteur sur les hommes et les objets.

Ces travaux permettront aux futurs astronautes d'aller encore plus loin dans l'espace. Considère ces expériences comme des devoirs à faire avant d'aller sur Mars.

Jouer avec le feu

Dans le laboratoire de la NASA, Destiny, tu trouveras une boîte transparente contenant deux gants insérés à travers deux trous. C'est la boîte à gants pour la recherche en micropesanteur (MSG en anglais).

La MSG protège les échantillons scientifiques et empêche les objets d'expérimentation de flotter. Certaines expériences menées à l'intérieur concernent le feu. On appelle cela la science de la combustion — une façon chic de dire « mettre le feu aux choses pour voir ce qui se produit ». Tu constateras que le feu brûle de façon très différente en apesanteur.

La maîtrise du feu en apesanteur pourrait aider les chercheurs à créer des moteurs plus efficaces et contribuer à réduire la pollution. Et c'est amusant à observer.

Flamme de bougie sur Terre

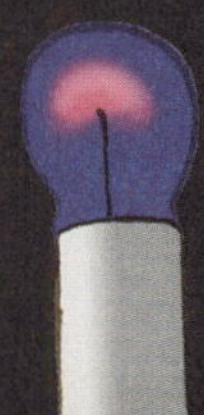

Flamme de bougie en apesanteur

Comme chaque mission est différente, tu ne peux pas prévoir ce que tu devras étudier personnellement. Pour te donner une idée des types d'expériences qui pourraient t'attendre, en voici quelques-unes qui ont déjà été réalisées...

Transpirer

Un astronaute a testé différents types de vêtements, pour voir lesquels sont les plus aptes à éliminer la sueur en apesanteur.

Fabriquer des pièces de rechange

Dans la station, tu trouveras une imprimante 3D. Elle chauffe du plastique et le dépose de manière à fabriquer des objets, couche après couche, comme cela :

Ce dessin montre un gros plan de la buse et des couches de plastique.

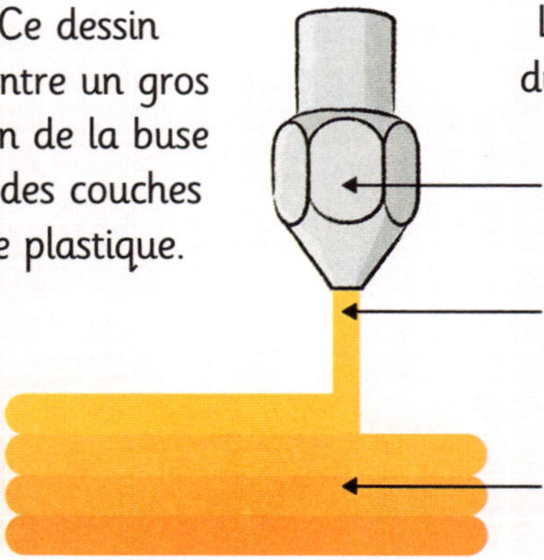

L'imprimante 3D est logée à l'intérieur de la MSG et les astronautes s'en servent pour mener des tests en apesanteur. Dans le futur, l'objectif est de l'utiliser pour créer des pièces de rechange pour les engins spatiaux. Cela serait très utile lors des missions dans l'espace intersidéral, où il serait impossible de retourner sur Terre pour se procurer de nouvelles pièces.

Cultiver des plantes

Un jour, quand les humains iront plus loin dans l'espace, ils devront produire leur nourriture. C'est pourquoi on mène de nombreuses expériences à bord de l'ISS pour découvrir la meilleure manière de cultiver des plantes dans l'espace.

Étudier la mycose du pied

Le pied d'athlète est une infection due à des champignons qui se développent entre les orteils. Les astronautes ont apporté des échantillons dans l'ISS pour voir comment ils évoluent. (Les échantillons sont conservés au laboratoire, pas entre les orteils des astronautes.)

Se faciliter la vie

En général, l'ISS accueille six astronautes à la fois. Mais il y a à bord un autre membre d'équipage ayant l'apparence d'un astronaute : un robot appelé Robonaut 2. Il peut être dirigé par un astronaute à bord, ou à distance par le Contrôle au sol.

Robonaut 2 peut être dirigé à l'aide de gants spéciaux à capteurs sensibles aux mouvements et d'un viseur permettant de suivre ce que voit la caméra du robot — ici, le sol.

Pour l'instant, on apprend à Robonaut 2 à effectuer des tâches simples. À long terme, l'objectif est qu'il puisse se charger des tâches les plus ennuyeuses ou dangereuses. Ainsi, les astronautes auront plus de temps pour se consacrer aux travaux amusants.

Faire don de ton corps à la science

(Tu le récupéreras après)

Dans beaucoup d'études scientifiques menées à bord, c'est toi le sujet d'expérimentation. Les astronautes étudient les réactions de leur corps dans l'espace, en portant des moniteurs cardiaques et en testant leurs propres réactions et capacités. Ces tests sont indispensables pour l'avenir des voyages dans l'espace, et pour nous en apprendre plus sur le corps humain.

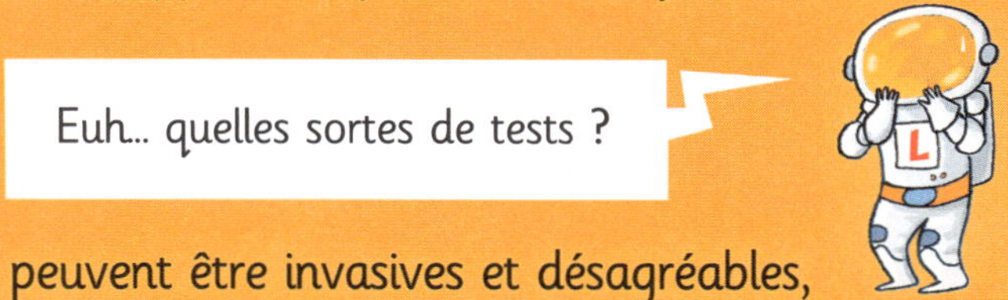

Ces études peuvent être invasives et désagréables, mais cela peut être aussi simple qu'un banal test oculaire. Les astronautes ont découvert que la vue baissait dans l'espace. Ce n'est pas trop grave dans l'ISS, mais des explorateurs voyageant plus loin pourraient être confrontés à de sérieux problèmes.

Des radiations meurtrières

Le Soleil est merveilleux : il rend possible la vie sur Terre en nous fournissant chaleur et lumière. Mais il nous envoie aussi de dangereuses radiations, une énergie invisible qui peut nuire au corps.

Sur Terre, tu en es protégé par l'atmosphère et par le champ magnétique terrestre, un bouclier invisible créé par le noyau de métal magnétique de la planète.

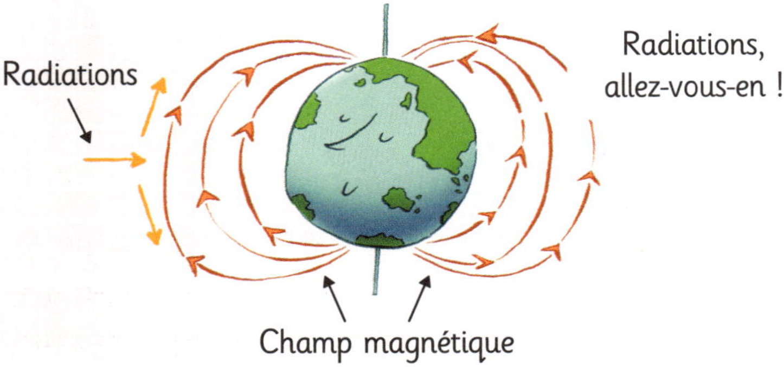

Dans l'espace, les astronautes ne jouissent pas de la protection de l'atmosphère. Ils sont toujours protégés par le champ magnétique terrestre, mais moins que sur la planète. Plus tu vas loin dans l'espace, plus tu es exposé.

Les astronautes de l'ISS étudient les quantités de radiations auxquelles ils sont exposés à bord. Les chercheurs devront mettre au point de meilleures méthodes pour protéger les engins spatiaux si on veut explorer l'espace interstellaire et en revenir vivants.

L'effritement des os

Parce que tu n'es pas confronté à la même force de gravité que sur la Terre, tes os deviennent plus faibles et plus légers. Ce peut être amusant de flotter, mais c'est aussi très mauvais pour toi. (Comme beaucoup de choses amusantes.)

La perte osseuse est en partie compensée en pratiquant des mouvements qui exercent une pression sur les os : c'est ce qui leur arrive d'ordinaire quand ils sont confrontés à la pesanteur terrestre.

À bord de l'ISS, les astronautes expérimentent différents types d'exercices et essaient de consommer divers aliments, pour déterminer la meilleure façon de protéger le squelette.

Cet appareil à bord de l'ISS, l'Advanced Resistive Exercice Device, permet de pratiquer des exercices spéciaux.

AAARRRR ! J'espère que mon squelette me remerciera plus tard.

L'écran suggère des exercices personnalisés.

Des pistons créent une résistance pour faire travailler dur. Très dur.

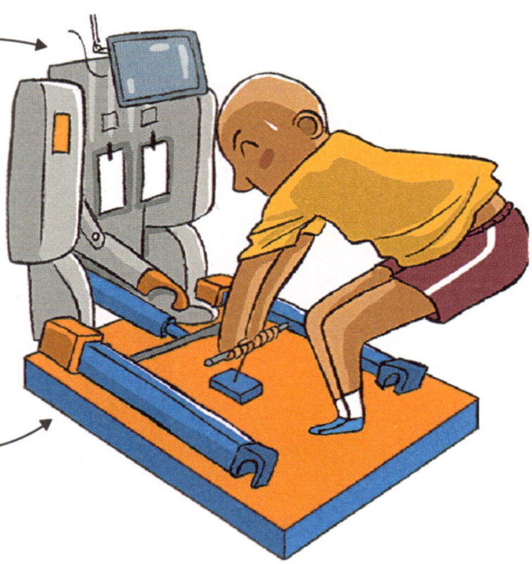

Des muscles chétifs

Comme tes os, tes muscles souffrent dans l'espace. Cela peut s'avérer très dangereux. Ton cœur est lui aussi un muscle, et s'il rétrécit trop, il peut arrêter de fonctionner.

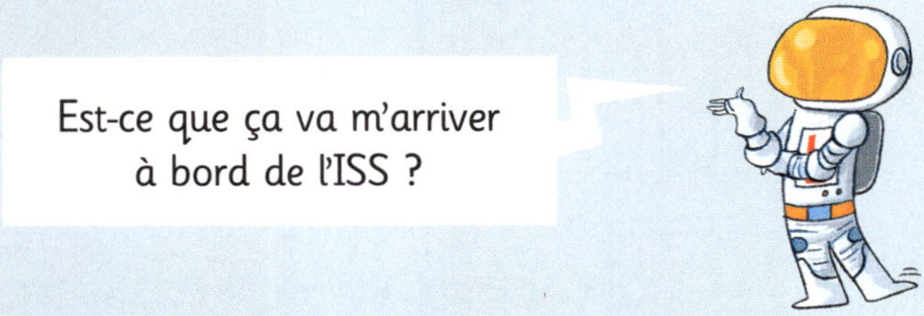

Ce n'est pas un problème pour un séjour d'un an environ, mais cela pourrait le devenir au cours d'un plus long voyage. Se rendre sur Jupiter pour faire ensuite une crise cardiaque serait pour le moins frustrant.

Tu ne risques pas de mourir si tu ne fais pas de sport dans l'ISS, mais tu devras malgré tout pratiquer des exercices pendant plusieurs heures par jour si tu veux être capable de marcher à ton retour sur Terre.

Pendant tes deux heures quotidiennes de sport (c'est la règle), tu ne t'ennuieras pas. Tu peux regarder des films. Tu peux aussi apprécier cette expérience nouvelle : faire des exercices « au plafond » pendant que quelqu'un d'autre fait des expériences « au sol ». Le « haut » et le « bas » ? Bof, ces choses-là sont pour les Terriens ordinaires.

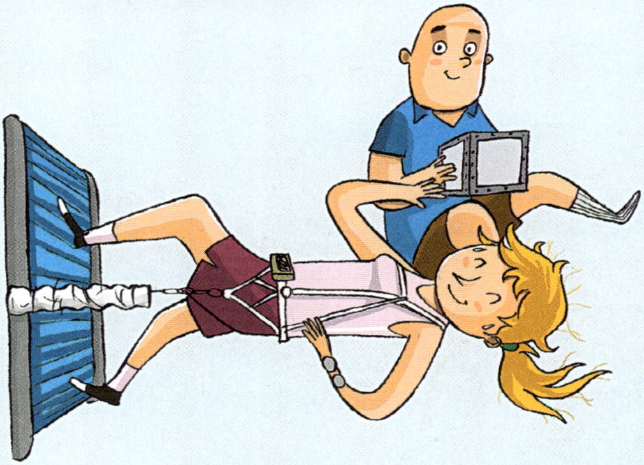

Se laver

Après avoir fait toute cette gymnastique, tu auras peut-être besoin de te laver. L'eau est trop précieuse pour pouvoir prendre une longue douche chaude, sans parler du fait qu'en apesanteur, l'eau part dans tous les sens. Tu devras donc te contenter de débarrasser ta peau de la sueur et de la crasse à l'aide de lingettes et de pulvériser de l'eau et du shampoing avec beaucoup de précautions sur tes cheveux pour les laver.

S'habiller pour sortir dans l'espace

Si tu as la chance de faire une sortie dans l'espace, tu auras besoin d'une protection conséquente. Pour effectuer une sortie hors de la station, on endosse une « combinaison pour sortie extravéhiculaire », ou combinaison pour EVA d'après les initiales anglaises.

Si tu sortais dans l'espace sans protection, tu perdrais conscience en douze secondes... et tu mourrais en deux minutes environ. Tu dois considérer ta combinaison spatiale comme un vaisseau spatial personnel miniature.

La combinaison pour EVA te protège contre...

Les lésions liées aux radiations — même si le champ magnétique terrestre fournit une mince protection quand on fait une sortie en dehors de l'ISS, les radiations spatiales restent dangereuses. La combinaison comporte donc toute une série de couches pour t'en protéger.

La suffocation — il n'y a pas d'air dans l'espace, et donc ta combinaison te fournit une réserve d'oxygène.

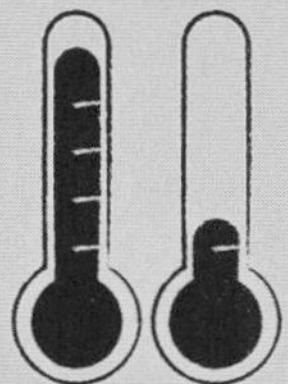

Les températures extrêmes — dans l'espace, il peut aussi bien faire une chaleur torride qu'un froid à glacer le sang, selon que tu te trouves face au Soleil ou dans l'ombre.

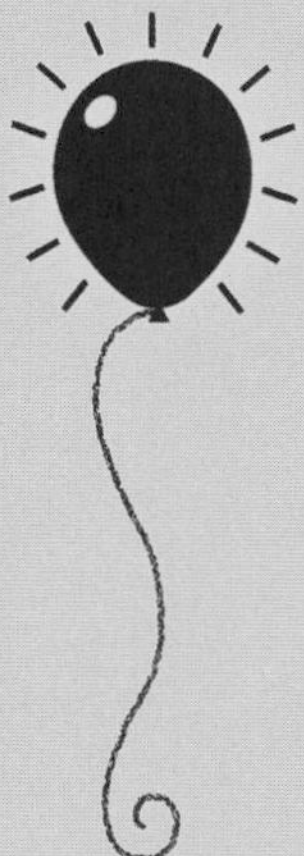

Le risque de gonfler comme un ballon — bizarrement, personne ne s'est porté volontaire pour expérimenter ce qui arriverait à ton corps si tu sortais dans l'espace habillé normalement. Il gonflerait probablement à cause de l'absence de pression exercée par l'air. Pour empêcher cela, la combinaison est remplie d'air qui exerce une pression sur le corps, exactement comme l'air sur Terre.

La combinaison pour EVA ne te protège pas contre toi-même

Malheureusement, la combinaison spatiale ne te protège pas de ton propre corps. Et donc, si tu lâches un prout, tu vas devoir supporter l'odeur jusqu'à la fin de ta promenade dans l'espace. (En général, les sorties durent plusieurs heures.)

L'EMU

Le type de combinaison que tu porteras dépend du pays dont tu es originaire. Il y a tout d'abord l'Extravehicular Mobility Unit, ou EMU en abrégé.

Cette combinaison est portée par les astronautes américains, européens, canadiens et japonais.

Apprendre à partager

Comme chaque combinaison EMU coûte des millions de dollars, il n'y en a pas une pour chaque astronaute. Mais les combinaisons sont formées de diverses parties séparées, que tu peux combiner et assortir pour en obtenir une qui te va parfaitement. L'EMU s'assemble élément par élément, tel un puzzle, avec toi au milieu.

1. D'abord, tu mets tes sous-vêtements d'astronaute.

2. Puis tu enfiles la partie inférieure de la combinaison.

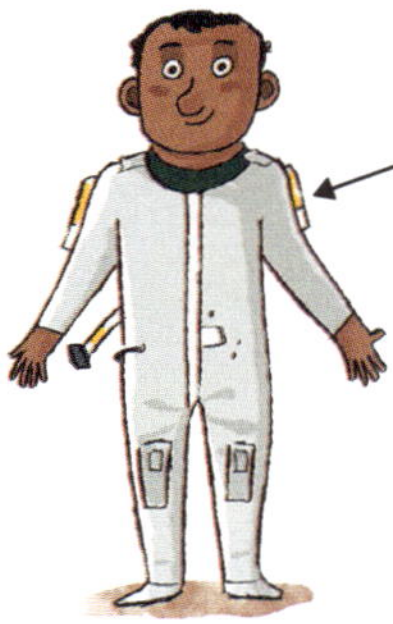

Vêtement à ventilation et refroidissement liquide

(De petits tubes font circuler dans la tenue un liquide pour réguler la température corporelle.)

3. Tu te tortilles pour entrer dans la partie supérieure, par le bas. Un peu comme si tu plongeais dans une piscine, mais vers le haut.

4. Enfin, tu ajoutes le bonnet de communication en tissu, gants et casque.

Fixé à la paroi de l'ISS

Le bonnet est équipé d'un micro et d'une radio.

Pour t'habiller, tu auras besoin de l'aide de tes coéquipiers, car l'EMU n'est pas vraiment souple, et une fois que tu auras enfilé la combinaison, tu ne pourras plus atteindre certaines parties de ton corps.

C'est un peu comme au Moyen Âge : le chevalier avait besoin de son écuyer pour revêtir la cuirasse, les gantelets et autres. La différence, c'est qu'au lieu de te lancer dans la bataille, tu vas t'élancer dans l'espace.

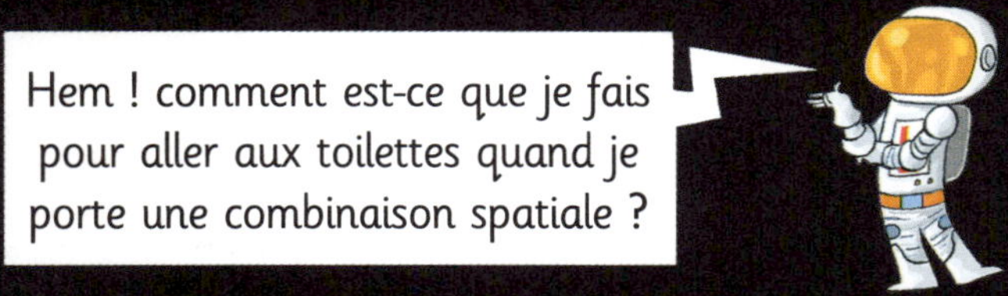

N'y allons pas par quatre chemins : tu devras porter une couche en dessous de tout le reste, et si tu as une envie pressante au cours de ta sortie dans l'espace, tu devras l'utiliser. Mais, comme la plupart des équipements spatiaux, les sous-vêtements ont un nom de code fait d'une suite de lettres aléatoires ; c'est donc moins embarrassant.

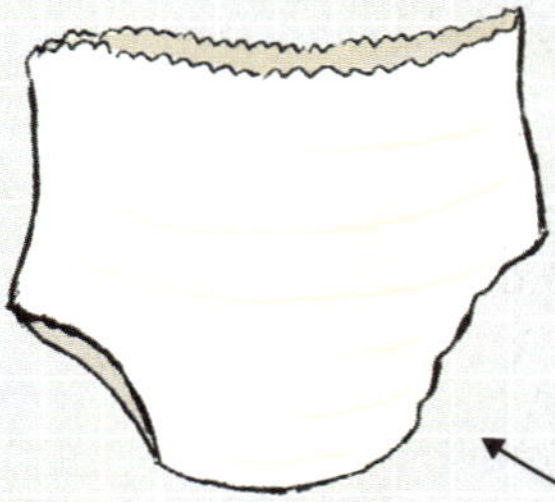

Ce « vêtement à absorption maximale », ou MAG, est destiné aux bébés géants de l'espace que sont les astronautes.

La combinaison russe Orlan

Si tu es russe, l'EMU n'est pas pour toi. La combinaison spatiale portée par les cosmonautes russes s'appelle l'Orlan. La mode ne change pas très souvent dans le domaine de la combinaison spatiale. Si un cosmonaute de 1977 pouvait voyager dans le temps jusqu'à nos jours, tu verrais que ta tenue est presque identique.

« Orlan » signifie « aigle de mer » en russe. Cela donne à la combinaison un côté plus gracieux que ce que tu ressens en te glissant à l'intérieur.

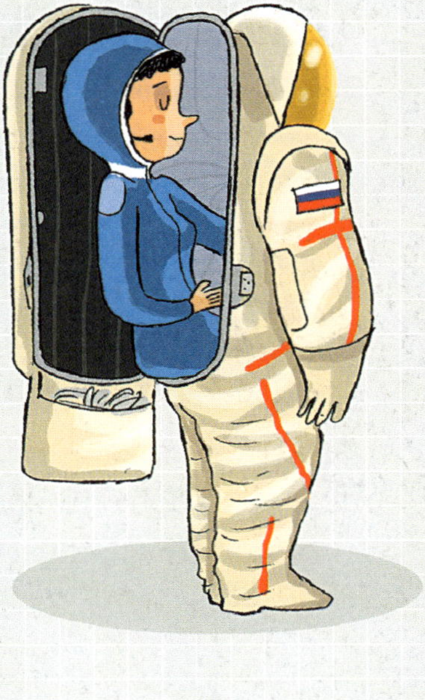

La combinaison spatiale Orlan est un peu plus facile à enfiler que l'EMU, mais on a toujours besoin d'aide. Elle est faite d'une seule pièce, et on s'y introduit par le dos.

Travailler dans l'espace infini

Es-tu prêt à sortir de l'ISS ? Ce pourrait être l'expérience la plus incroyable et la plus marquante que tu vivras jamais.

En faisant une sortie dans l'espace et en voyant la Terre suspendue là, les astronautes comprennent souvent à quel point notre planète est précieuse. Si tu as toujours eu besoin d'une motivation pour recycler plus et polluer moins, la voici !

Si tu pleures dans l'espace, tes larmes vont s'amalgamer en grosse gouttes flottantes. Il est donc préférable d'éviter.

Se préparer

Mais avant de découvrir la beauté de la Terre vue de l'espace, tu dois encore te livrer à des quantités de préparations. Quand tu t'apprêtes à effectuer une « sortie extravéhiculaire », ou EVA, tu ne peux pas simplement ouvrir un hublot et t'élancer dans le noir.

Comment EST-CE QUE JE SORS, alors ?

Très, très lentement, en passant par une porte en deux parties, appelée un sas. Voilà comment...

1. Tu pénètres en flottant dans le sas d'équipement, où :

- tu endosses la combinaison,
- tu passes 50 minutes à respirer de l'oxygène pur et à faire des exercices*,
- tu vérifies que tu as enfilé correctement ta combinaison. Et tu revérifies.

2. Tu passes en flottant dans la seconde partie, le sas proprement dit. Une écoutille hermétique t'enferme à l'intérieur. Vérifie encore une fois ta combinaison.

3. Des pompes refoulent l'air afin de faire le vide, comme dans l'espace. Quand c'est terminé, tu ouvres l'écoutille menant vers l'extérieur et tu sors en flottant.

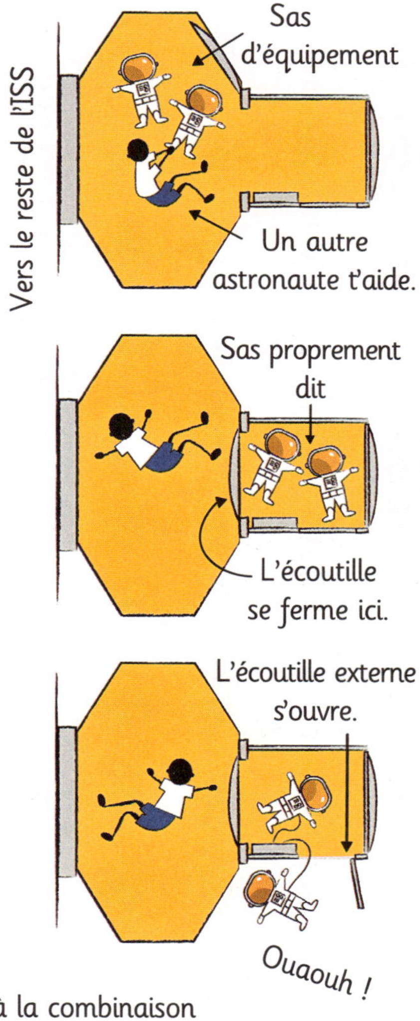

* Ainsi, tu habitues ton corps à la combinaison spatiale et tu évites la grave « maladie des caissons ».

Et maintenant, avant de faire quoi que ce soit d'autre, attache ton filin, une corde que tu accroches à la fois à ta combinaison et à l'extérieur de l'engin spatial. Sinon, tu risquerais de dériver dans l'espace. Le filin est attaché ? Alors tu peux profiter de la vue.

Peux-tu réparer ça ?

Tu pourrais regarder la Terre des heures durant, mais il est temps d'aller travailler. Une tâche fondamentale est d'effectuer des réparations à l'extérieur de la station. Il est essentiel que tout continue à bien fonctionner. Après tout, ce vaisseau est ce qui vous maintient en vie, tes coéquipiers et toi.

Des doigts engoncés dans des gants

Désormais, tu dois être habitué à la micropesanteur. En revanche, il est très difficile de travailler dans une combinaison spatiale : les énormes gants rendent toute tâche minutieuse presque impossible. Heureusement, tu disposeras d'outils spécialement conçus et simples à manier, comme celui ci-dessous.

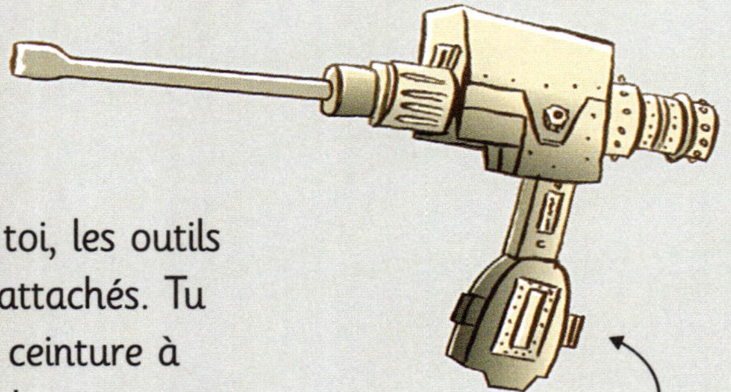

Tout comme toi, les outils doivent être attachés. Tu porteras une ceinture à outils munie de quantités de filins. Tu peux aussi attacher les outils aux poignées fixées à l'extérieur de la station.

Cela ressemble peut-être à un pistolet laser, mais en fait, c'est un outil muni d'une crosse, une perceuse multiusage de l'espace.

De temps en temps, les astronautes laissent tomber des choses, en particulier de petits objets tels écrous et boulons. Les humains ont laissé des quantités de choses en orbite, aussi bien des gants que d'anciens engins spatiaux en pièces. On les qualifie de « débris spatiaux », et il y en a des milliers qui circulent à toute allure dans l'espace.

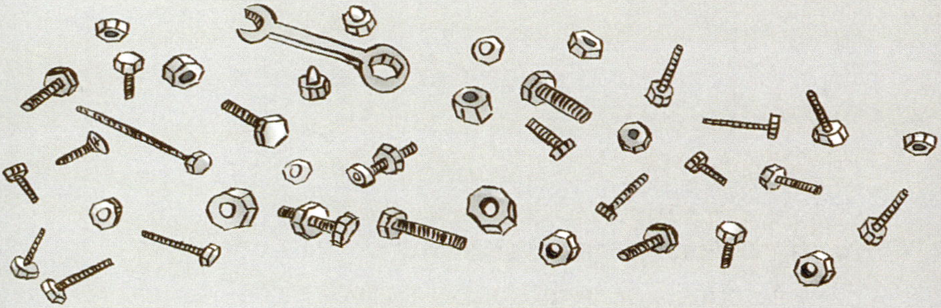

Les écrous, les boulons, les gants et les autres objets perdus pourraient éventuellement endommager la station spatiale s'ils entraient en collision avec elle. S'il te plaît, ne laisse rien tomber : tu ne ferais qu'accroître le risque.

Revenir à l'intérieur

Une fois que tu as achevé ta tâche — il peut s'agir de fixer une caméra à l'extérieur de l'ISS, d'installer un panneau solaire, ou juste de vérifier que rien n'a été endommagé quand des débris l'ont heurtée —, il est temps de retourner à l'intérieur. Exactement comme pour la sortie, c'est un processus lent, comportant des quantités de contrôles de sécurité. On n'est jamais trop prudent dans l'espace.

Et finalement... se détendre

C'est très épuisant physiquement de faire une sortie dans l'espace. Elle peut parfois durer huit heures, en général sans rien manger. Donc une fois de retour dans la station, tu auras besoin de manger et de te reposer.

Tout le monde dispose de son propre coin à bord, où chacun dort et conserve des objets personnels comme des photographies de sa famille et de ses amis.

Durant tes moments de liberté, le soir ou le week-end, tu peux t'adonner à tes hobbies — regarder des films, jouer d'un instrument de musique, faire du patchwork ou tout ce que tu veux. (À moins que tes hobbies ne soient liés à la pesanteur — oublie le trampoline.) Certains astronautes se livrent même à des expériences scientifiques supplémentaires pour leur plaisir.

Une célébrité de l'espace

Pendant que tu seras là-haut, tu répondras sans doute à de nombreuses interviews en vidéo, avec toutes sortes de gens, des enfants aux dirigeants du monde entier. C'est agréable de jouir de l'attention, mais essaie tout de même de rester modeste ; les frimeurs de l'espace, personne n'aime ça. Quand tu ne parles pas avec les personnalités ou des admirateurs, tu peux aussi appeler chez toi. Tu sais comme les parents s'inquiètent.

Chapitre six

UN RETOUR QUI SECOUE

Ton vaisseau pour rentrer sur Terre.

Toutes les bonnes choses ont une fin. À l'issue de ta mission — qui peut durer six mois, ou même un an —, il sera temps de regagner la Terre. Et tu vas voir que ça secoue sacrément...

Adieu la station !

Au cours des jours précédant ton départ, tu devras réactiver le Soyouz, en vérifiant que tout est en ordre de marche. Puis tu vas emballer tes affaires, ainsi que des échantillons liés à certaines expériences scientifiques pour les étudier sur la Terre.

Une équipe a rapporté sur Terre des mouches nées dans l'espace dans le cadre d'une étude.

Tu auras peut-être du mal à réaliser que tu t'en vas. Mais une fois que tu te seras à nouveau glissé dans ta combinaison Sokol, ce sera bien réel : tu rentres à la maison. Tu serreras dans tes bras tes collègues qui restent, tu donneras un dernier coup d'œil plein de nostalgie à la station, et tu flotteras vers l'intérieur du Soyouz.

Tu te retrouves à nouveau dans ton minuscule taxi de l'espace. Il est temps de fermer l'écoutille et de se préparer au départ.

* Buzz Aldrin a été l'un des premiers astronautes à marcher sur la Lune. Ce n'est donc pas une mouche.

Quand le Contrôle au sol donne le signal, ton Soyouz se détache de la station et s'éloigne. Une fois de plus, tu flottes librement dans l'espace. Le processus est automatique, mais ce ne sera pas un voyage délassant.

Le ralentissement

Bientôt, le Soyouz se retourne et met ses moteurs en marche dans une gerbe de flammes. On appelle cela la mise à feu des moteurs de désorbitation. Cela ralentit l'engin spatial et l'envoie vers le bas, vers la Terre.

L'ISS se trouve à une altitude impressionnante par rapport à la Terre.

L'ISS se trouve à une hauteur correspondant à 4 600 statues de la Liberté environ au-dessus de la Terre. La statue mesure 93 mètres de la base au sommet de la torche.

Des experts, au sol, ont prévu pour toi un angle d'atterrissage sans danger. Le moment est venu de te préparer et de te fier aux calculs mathématiques effectués par l'équipe de soutien au sol. Voilà ce qui se produit ensuite.

1. Après la mise à feu des moteurs, tu te débarrasses des parties du Soyouz dont tu n'as pas besoin pour l'atterrissage. (Il s'agit de tous les éléments en dehors de celui dans lequel tu es installé.) Attends-toi à des bangs retentissants.

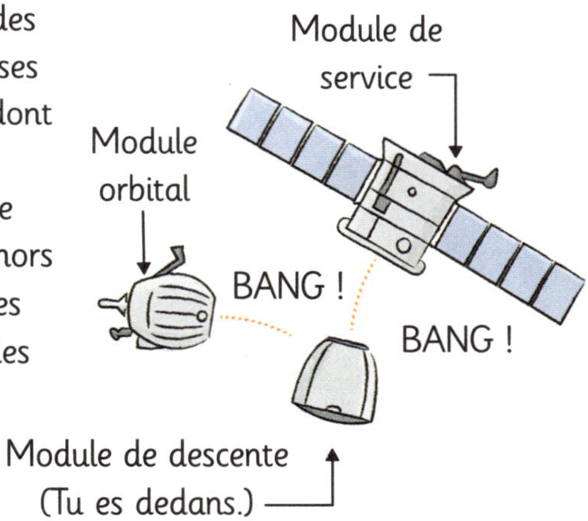

2. Le module de descente heurte violemment l'atmosphère. D'un seul coup, tout prend feu — c'est l'effet de l'air qui frotte contre la capsule à des milliers de kilomètres/heure. On appelle cela la rentrée dans l'atmosphère. Ça brûle !

3. Le bouclier thermique te protège, et l'air ralentit le module. Tandis que la partie externe de la capsule devient terriblement chaude, tu ne crains rien à l'intérieur. Admire les flammes spectaculaires qui lèchent les hublots.

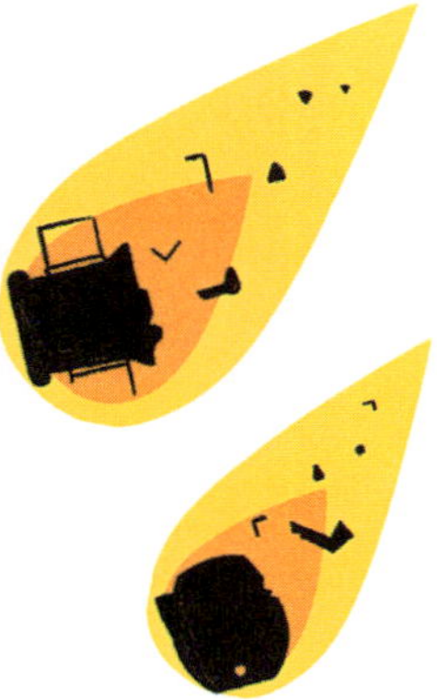

4. Les modules qui se sont détachés se désintègrent en heurtant l'atmosphère. Contrairement au tien, leur angle de rentrée n'est pas maîtrisé et ils ne possèdent pas de bouclier thermique.

5. Tu te rappelles la centrifugeuse à accélération gravitationnelle durant l'entraînement ? Tu vas y penser juste avant de te poser sur Terre. Tu t'es trouvé en apesanteur pendant des mois, mais les forces gravitationnelles en action lors de l'atterrissage rappellent de façon brutale que la vie d'un astronaute ne consiste pas seulement à flotter, telle une plume.

Dans un premier temps, tu es attiré en douceur vers le fond de ton siège. Mais à mesure que tu descends, cette poussée devient de plus en plus forte, et tu finis par avoir l'impression de peser quatre fois ton poids habituel.

6. Ton siège t'empêche d'être ballotté dans tous les sens : c'est déjà ça de gagné. Car tu es sur le point d'éprouver une expérience vraiment BRUTALE. Remercie le siège soigneusement moulé de te permettre de rester entier.

7. Ton engin spatial de 2 tonnes est brusquement secoué vers le haut quand un parachute fixé au sommet s'ouvre. Tu rebondis comme un yoyo. En fonction de ta personnalité, ce sera la chose la plus amusante ou la plus effrayante que tu aies jamais éprouvée. Ou les deux à la fois.

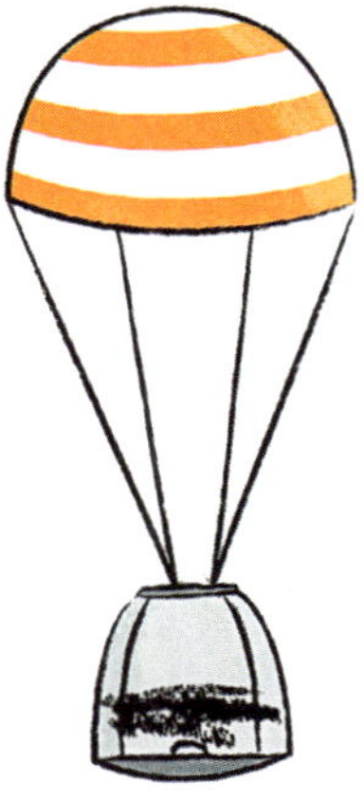

8. Le premier parachute se détache, et un autre s'ouvre, te ralentissant plus doucement cette fois. Tu as l'impression d'être suspendu en l'air, tandis que le vent souffle à l'extérieur. Tu es presque arrivé — atterrissage dans un quart d'heure.

9. Quelques secondes avant l'atterrissage, les moteurs s'allument à nouveau, pour ralentir la capsule à une vitesse tranquille de 5 kilomètres/heure.

Puis tu touches le sol.

Bien que les sièges soient conçus pour absorber les chocs, l'atterrissage n'est pas de tout repos. Des astronautes racontent avoir eu un peu l'impression d'être dans une petite voiture qui entrait en collision avec un camion. Cela dit, l'atterrissage est terminé : tu es sain et sauf, et de retour sur Terre. Au passage, tu as complètement retourné le sol à l'endroit où tu as atterri.

Bienvenue sur Terre

L'équipe au sol a suivi attentivement ta descente et elle est là pour t'accueillir. L'écoutille s'ouvre. Des mains se tendent pour t'aider à sortir. La pesanteur terrestre te donne l'impression de peser une tonne. Tu es épuisé, mais l'air frais de la Terre a une odeur et un goût délicieux.

On te porte jusqu'à un siège, on t'enveloppe dans une couverture. Les flashs crépitent. Quelqu'un te tend une boisson. Tu souris, même si tu te sens faible, parce que tu es allé dans l'espace, et que maintenant, tu es de retour sur la magnifique boule bleu-vert sur laquelle tu vis.

Qu'est-ce que je vais faire une fois de retour sur Terre ?

Après ton retour sur Terre, tu passeras les premières semaines à récupérer. Ton corps devra reconstituer tout ce que tu as perdu en muscles et en os dans l'espace. Mais avant de te reposer, tu prendras part à des cérémonies de bienvenue, au cours desquelles tu revêtiras le costume national kazakh et recevras des tas de cadeaux.

Une fois que tu auras récupéré, on peut te proposer un poste dans le Contrôle au sol, ou tu commenceras peut-être à t'entraîner pour ta prochaine mission. Certains astronautes effectuent un seul vol, alors que d'autres retournent dans l'espace plusieurs fois.

Mais même un seul voyage changera à tout jamais ta façon de voir la Terre.

Et dans le futur ? Où les humains iront-ils ensuite ?

C'est à toi de voir. Les amoureux de l'espace comme toi peuvent devenir des scientifiques qui construiront les fusées pour transporter des hommes sur Mars et au-delà. Tu pourrais être aux commandes de ces vaisseaux, ou même t'installer sur des lunes et des planètes d'autres systèmes solaires.

Qu'est-ce que tu attends ? Il est temps de se préparer. Reste en bonne santé. Étudie sérieusement. Rêve (mais pas pendant que tu étudies). Regarde les étoiles tout là-haut.

L'Univers t'attend...

UNE BRÈVE HISTOIRE DES VOLS SPATIAUX

années 1950

On envoie des animaux dans l'espace pour voir si c'est sans danger. Tous ne survivent pas, mais l'homme décide malgré tout de tenter l'expérience.

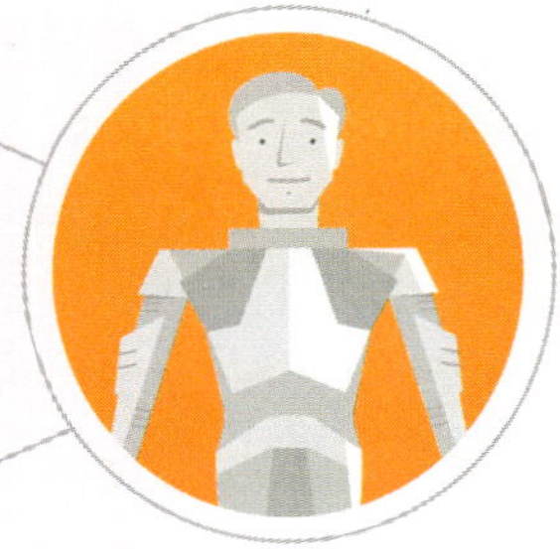

1961

Un Russe, Iouri Gagarine, est le premier homme envoyé dans l'espace, en 1961, à bord d'un satellite artificiel placé sur orbite autour de la Terre.

1965

Le premier homme à effectuer une sortie dans l'espace, Alexeï Leonov, manque de mourir, car sa combinaison se dilate et il ne peut réintégrer l'engin. Pour réussir, il laisse s'échapper de l'air.

1969

Des hommes se posent pour la première fois sur la Lune. Neil Armstrong et Buzz Aldrin rebondissent dans sa faible pesanteur. Des millions de gens les suivent à la télévision, depuis la Terre.

1981

Première mission d'un nouveau type d'engin spatial réutilisable, en forme d'avion : la navette spatiale.

1986

Tragédie : une explosion cause la mort de l'équipage de la navette Challenger.

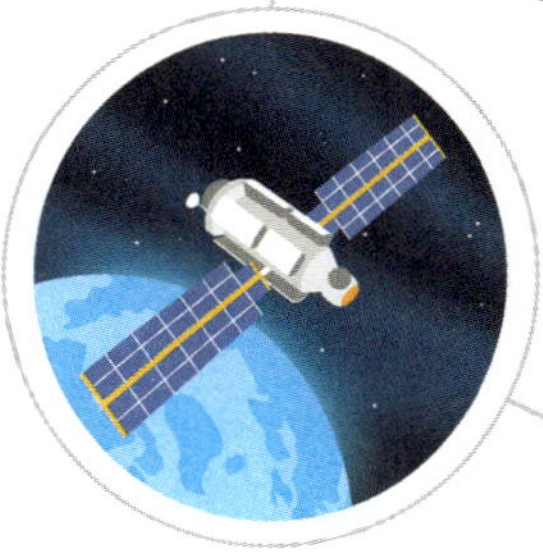

1998

Le premier élément de l'ISS est lancé dans l'espace à bord d'une fusée russe.

2000

Le premier équipage arrive sur l'ISS.

2003

Un autre accident tragique coûte la vie à l'équipage de la navette Columbia.

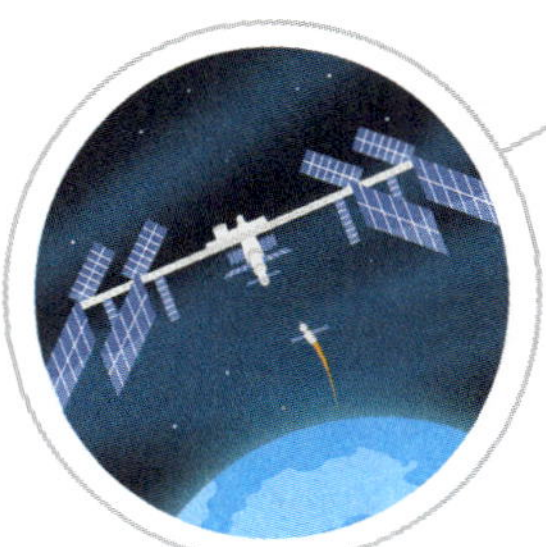

2011

La majeure partie du travail de construction de l'ISS est achevée. C'est aussi le dernier vol de la navette spatiale.

À partir des années 2030

Les jeunes lecteurs de ce livre deviennent des astronautes parfaitement opérationnels.

GLOSSAIRE

Agence spatiale : organisme public qui s'occupe de tout ce qui a trait à l'espace et aux astronautes.

Agence spatiale européenne (ESA, d'après l'anglais European Space Agency) : agence spatiale de l'ensemble de l'Europe.

Apesanteur : impression de légèreté que les astronautes éprouvent dans l'espace. On l'appelle aussi micropesanteur.

Atmosphère : couverture gazeuse qui entoure la Terre — c'est l'air que nous respirons.

Cosmonaute : terme désignant un astronaute russe.

Gravité : force d'attraction. Chaque objet attire tous les autres objets, mais la force de gravité des plus gros objets est plus importante.

Ligne de Karman : ligne imaginaire, autour de la Terre, considérée comme la limite officielle de l'espace.

National Aeronautics and Space Administration (NASA) : l'agence spatiale américaine.

Orbite : trajectoire décrite autour d'une planète ou d'un autre gros objet spatial, causée par la force de gravité. On dit qu'un engin spatial qui tourne autour de la Terre est « en orbite ».

Sas : sorte de porte en deux parties qui empêche l'air de s'échapper quand un astronaute sort dans l'espace.

Soyouz : engin spatial russe servant de taxi de l'espace pour atteindre la Station spatiale internationale.

Station spatiale internationale (ISS, d'après l'anglais International Space Station) : engin spatial en orbite, où vivent et travaillent des astronautes.

Quicklinks d'Usborne

Pour trouver des liens vers des sites Web, qui te permettent de voir des vidéos consacrées aux astronautes, aux engins spatiaux d'exploration, et d'en savoir plus sur la vie des astronautes et le moyen de le devenir, rends-toi sur le site Quicklinks d'Usborne **www.usborne-quicklinks.com/fr** et entre le titre de ce livre dans la case prévue à cet effet.

Avant de surfer sur Internet, clique sur le lien « La sécurité sur Internet » du site Quicklinks d'Usborne.

INDEX

accélération, 43
accélération gravitationnelle, 44, 45, 116
agence spatiale, 9, 11, 16, 17, 18, 124
Agence spatiale européenne (ESA), 9, 124
apesanteur, 33, 34, 38-41, 45, 75, 80, 83, 89, 90, 97, 102, 124
arrimage, 32, 77-78, 86
atmosphère, 7, 41, 81, 115, 116
bas de la combinaison, 101
boîte à gants pour la recherche en micropesanteur (MSG), 88-89, 90
boosters, 70
bouclier thermique, 115, 116
casque de communication, 101
centrifugeuse, 43-44, 116
champ magnétique, 94, 98
cité des Étoiles, 30, 31
Columbus, 87
combinaison
  EMU, 100, 101
  Orlan, 103
  Sokol, 56, 60, 113
  spatiale, 27, 28, 46, 54, 55, 56, 60, 98-103, 105
Comète du Vomi, 41-42
commandant, 66, 67, 75
Contrôle au sol, 17, 22, 56, 67, 78, 85, 91, 109, 114, 120
contrôleur de vol, 17
cosmodrome de Baïkonour, 58-61
cosmonaute, 30, 103, 124
Cupola, 87
débris spatiaux, 109
Destiny, 87, 88
dormir, 83
Dragon (engin spatial), 22
entraînement
  à la surpesanteur, 40, 43
  de base, 20-27
exercice physique, 53, 95, 96, 105
expériences scientifiques, 50, 87, 88-92, 113
filin, 106, 108
force de gravité, 34, 36, 37, 43, 63, 73, 74, 83, 95, 124
fusée, 6, 20, 62-64, 65, 70, 71, 73, 74
haut de la combinaison, 100, 101
imprimante 3D, 90
ingénierie, 13, 18, 22, 23
ingénieur de vol, 66

Iouri Gagarine, 30, 61, 62, 122
ISS (Station spatiale internationale), 12, 22, 29, 31, 46, 52, 60, 65, 76, 77, 78, 79, 81, 83, 84, 86-87, 88, 91, 93, 94, 95, 96, 101, 110, 114, 125
Kazakhstan, 58, 71, 120
laboratoire de flottabilité neutre, 45
laver (se), 97
ligne de Karman, 8, 75, 124
Lune, 13
mal de l'espace, 39, 42
Mars, 13, 16, 88, 121
mécanique orbitale, 20
médecin de vol, 18, 25
micropesanteur 33, 34, 38-39
mise à feu des moteurs de désorbitation, 114, 115
module
  de descente, 65-66, 115
  de service, 65, 115
  orbital, 65, 115
  Quest (sas), 86
NASA, 9, 81, 87, 88, 124
nominal, 72, 73
orbite, 35, 37
outil muni d'une crosse, 108
panneaux solaires, 71, 87
parabole, 41
perte osseuse, 95, 120
pesanteur, 34-37, 119
port d'arrimage, 77, 78
poussée, 64
Progress (engin spatial), 81
radiations, 94, 98
rentrée dans l'atmosphère, 115, 116
Robonaut, 91-92
Roscosmos, 9
second ingénieur de vol, 66
simulateur, 31-32
Soleil, 35, 84, 94
sortie
  dans l'espace, 29, 98, 102, 104-110
  extravéhiculaire (EVA), 98-99,
Soyouz, 21, 22, 31, 32, 56, 63, 65, 66-67, 70, 71, 72, 77, 78, 79, 86, 113, 114, 115, 125
sport, 85, 97
surpesanteur, 40, 43
toilettes de l'espace, 23, 29, 80
touristes de l'espace, 10, 66
véhicule de lancement, 63
vêtement
  à absorption maximale (MAG), 103
  à ventilation et refroidissement liquide, 101
Zarya, 86
Zvezda, 86

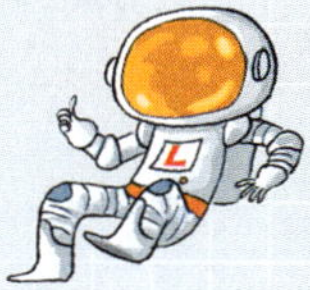

Remerciements

Directrice de la collection: Lesley Sims
Maquette : Jamie Ball
Experts-conseils : Libby Jackson
(UK Space Agency) et Stuart Atkinson
Avec nos remerciements à :
Thomas Pesquet (Agence spatiale européenne),
Cady Coleman (NASA), Jeremy Curtis et Julia Short
(UK Space Agency), et Margherita Buoso
(Agence spatiale européenne)
Photo de Thomas Pesquet page 5 © ESA—Nadia Imbert-Vier
Photo de la Terre pages 106-107 © NASA